Kaufleute im Groß- und Außenhandel

Handelsbetriebslehre

Band 2: Materialien zur Arbeit im Modellunternehmen

Autor:
Ralf Wimmers

Redaktion: Martin Glania
Illustration: Detlev Schüler
Layout und technische Umsetzung: sign, Berlin
Entwicklung des Modellunternehmens: Wolfgang Duschek, Wolfgang Metzen, Dieter Schütte

1. Auflage €✓   Druck 4 3 2 1   Jahr 02 01 2000 99

Alle Drucke dieser Auflage können im Unterricht nebeneinander verwendet werden.

© 1999 Cornelsen Verlag, Berlin
Das Werk und seine Teile sind urheberrechtlich geschützt.
Jede Verwertung in anderen als den gesetzlich zugelassenen Fällen
bedarf deshalb der vorherigen schriftlichen Einwilligung des Verlages.

Druck: Lengericher Handelsdruckerei, Lengerich/Westfalen

ISBN 3-464-46143-2

Bestellnummer 461432

gedruckt auf säurefreiem Papier, umweltschonend hergestellt aus chlorfrei gebleichten Faserstoffen

Vorwort

Die Ausbildung für Kaufleute im Groß- und Außenhandel verlangt vom Auszubildenden immer häufiger die Fähigkeit, sein Fachwissen auf Problemsituationen anzuwenden, Handlungsalternativen zu entwickeln und begründete Entscheidungen zu treffen. Um für die Anforderungen der Praxis genügend vorbereitet zu sein, ist es wichtig, dass der Auszubildende bereits in der Schule mit Aufgaben konfrontiert wird, die die Vermittlung derartiger Fähigkeiten fördern. Der vorliegende Praxisband zur Handelsbetriebslehre für Kaufleute im Groß- und Außenhandel versucht, diesen Anspruch einzulösen und stellt Ihnen eine Vielzahl von Arbeitsmaterialien für die Arbeit im Unterricht zur Verfügung. Dieser Band wurde in enger Abstimmung mit dem Grundwissen der Handelsbetriebslehre (Band 1) entwickelt, basiert auch auf dem Modellunternehmen „Bergisches Papierkontor GmbH" (wie auch das Rechnungswesen) und ergänzt dieses Lehrbuch somit in idealer Weise.

Der Praxisband der Handelsbetriebslehre zeichnet sich durch die folgenden Merkmale aus:

- Der Praxisband besteht aus einem vielseitigen Angebot an unterschiedlichen Aufgaben, die schülergerecht und praxisorientiert formuliert wurden und bei der Erarbeitung von Unterrichtsinhalten und deren Vertiefung eine wichtige Hilfestellung leisten.
- Die im Praxisband behandelten sieben Themenbereiche stimmen inhaltlich mit denen im Band 1 der HBL überein. Hierdurch ist es möglich, dass die Aufgaben als Ergänzung und Vertiefung der behandelten Themen parallel im Unterricht eingesetzt werden können.
- Der Praxisband der Handelsbetriebslehre ist in drei Bereiche unterteilt. Im Teil A wird der Schüler mit Lernsituationen aus allen sieben Themenbereichen der Handelsbetriebslehre konfrontiert. Jeder Themenbereich beginnt mit einer Ausgangssituation, die durch verschiedene Folgesituationen ergänzt wird. Der Schüler hat die Aufgabe, in der Rolle verschiedener Mitarbeiter des Bergischen Papierkontors mithilfe begleitender Informationsmaterialien und eigener Quellen Aufgaben zu bearbeiten, Lösungen und Lösungsalternativen zu entwickeln und diese dann unter anderem mit Hilfe beigelegter Arbeitsblätter zu begründen und zu präsentieren. Im Teil B des Praxisbandes findet der Schüler die Stammdaten des Bergischen Papierkontors sowie Informationen über die Aufbauorganisation des Unternehmens, über die Kunden und Lieferanten und über das Verkaufssortiment. Diese Daten benötigt der Schüler zur Bearbeitung der verschiedenen Aufgaben aus dem Teil A des Buches. Im Teil C sind Ersatzformulare zur Bearbeitung der Aufgaben angehängt.
- Mithilfe des Praxisbandes zur Handelsbetriebslehre wird der Schüler im Sinne der Richtlinien-, Prüfungs- und Praxisanforderungen unter Zuhilfenahme geeigneter Fragestellungen, Handlungsaufforderungen sowie dem häufigen Abwägen von Alternativen dazu befähigt, betriebliche Situationen handlungs- und entscheidungsorientiert zu bearbeiten.
- Die Aufgaben und Materialien sind an den entsprechenden Stellen so offen gestaltet, dass mit den individuellen Schülerlösungen in den Folgeaufgaben weitergearbeitet werden kann.
- Die Konzeption des Praxisbandes ist so angelegt, dass der Schüler alle Blätter zur besseren Bearbeitung und Übersicht heraustrennen kann und in einer persönlich bestimmten Abfolge und Zusammenstellung bearbeiten kann. Für die optimale Arbeit mit den Aufgaben-, Arbeits- und Informationsblättern ist es hierbei sinnvoll, einen eigenen Ordner/Schnellhefter anzulegen.

Viel Spaß bei der Arbeit mit diesem Praxisband zur Handelsbetriebslehre wünscht
Ralf Wimmers, März 1999

Inhaltsverzeichnis

Vorwort

Teil A:

Themenbereich 1:
Aufgaben und Organisation des Großhandels
Die Geschäftsleitung des Bergischen Papierkontors sucht einen Standort für eine zweite Betriebsstätte — A 1 – A 16

Themenbereich 2:
Arbeitsabläufe und deren Rechtsgrundlagen im Absatz- und Beschaffungsbereich
Die bp GmbH berät die Bergische Metall-GmbH in Sachen Warenwirtschaftssystem — A 17 – A 32

Themenbereich 3:
Güterlagerung und Gütertansport
Das Bergische Papierkontor optimiert seine Abläufe im Lager- und Transportbereich — A 33 – A 45

Themenbereich 4:
Absatzmarketing
Das Bergische Papierkontor nimmt Veränderungen im Bereich der Absatzwirtschaft vor — A 46 – A 58

Themenbereich 5:
Finanzierung
Die Bergische Papierkontor GmbH prüft verschiedene Finanzierungsarten — A 59 – A 75

Themenbereich 6:
Kooperation im Handel
Das Bergische Papierkontor sucht nach Möglichkeiten der Kooperation im Papiergroßhandel — A 76 – A 87

Themenbereich 7:
Außenhandel
Das Bergische Papierkontor verstärkt seine Aktivitäten im Bereich des Außenhandels — A 88 – A 105

Teil B

Informationen zum Modellunternehmen	B 1 – B 2
Allgemeine Geschäftsbedingungen	B 3
Gesellschaftsvertrag	B 4
Inventar, Bilanz	B 5 – B 6
Sortiment	B 7 – B 17
Auszug aus der Debitorenliste	B 18 – B 20
Umsatzstatistik	B 20
Liste der Kreditoren	B 21 – B 22
Liste der aktuellen Lieferanten und Bezugspreise	B 23 – B 25
Wer liefert was?	B 26 – B 27
Lager-Höchst und Mindestbestände	B 28
Anlage zum Thema: Ökologie und Papier	B 29 – B 30

Teil C

Leer- und Ersatzformulare	C 1 – C 8

Teil A:
Aufgaben, Arbeitsblätter und Informationen

Seiten A 1 – A 105

Teil A:

Aufgaben, Arbeitsblätter und Informationen

Seiten A-1 – A-105

Aufgaben und Arbeitsmaterialien zum Themenbereich 1:
Aufgaben und Organisation des Großhandels

Die Geschäftsleitung des Bergischen Papierkontors sucht einen Standort für eine zweite Betriebsstätte.

Themenbereich 1

Die Geschäftsleitung des Bergischen Papierkontors sucht einen Standort für eine zweite Betriebsstätte

Ausgangssituation:

Die Geschäftsleitung des Bergischen Papierkontors stellt in den letzten Monaten immer häufiger fest, dass die Auslieferung der Waren sowie die Betreuung der Kunden alleine vom Standort Wuppertal Probleme aufwirft. Vor allem die Höhe der Transportkosten durch die bisher übliche Warenversendung per Spedition als auch die Forderungen vieler Papiereinzelhändler, einen Ansprechpartner in ihrer Nähe zu haben, lassen die Geschäftsleitung der Bergischen Papierkontor GmbH darüber nachdenken, ob das Unternehmen einen weiteren Standort in Deutschland errichten soll. Auch die von Dr. Schönhauser beauftragte Unternehmensberatung Symplex GmbH hat die Errichtung einer zweiten Betriebsstätte für die Zukunft empfohlen. Vor einer Entscheidung gilt es jedoch, im Vorfeld zu prüfen, welche Standortfaktoren an möglichen neuen Unternehmensstandorten vorhanden sind. Fest steht für die Geschäftsleitung jedoch, dass sich das Unternehmen auch mit einer möglichen neuen Betriebsstätte weiterhin zum Standort Deutschland bekennen wird und dass der Firmensitz in Wuppertal weiterhin bestehen bleibt. Die Errichtung eines weiteren Unternehmensstandortes kommt daher zunächst nur für die Bereiche Lagerhaltung und Versand in Frage. Die kaufmännische Abwicklung und Verwaltung soll weiterhin in Wuppertal laufen.

Stellen Sie sich vor, Sie wären der betroffene Abteilungsleiter Lager/Versand, Herr Günther Wolf, der von Dr. Schönhauser die folgende Aktennotiz erhalten hat. Bearbeiten Sie die in der Aktennotiz enthaltenen Arbeitsaufträge:

Bearbeiten Sie die Aktennotiz als:

Günther Wolf
Abteilungsleiter Lager und Versand

Aktennotiz

Von: Geschäftsführer
Zeichen: Sc
An: Leitung Abteilung/Versand (Günther Wolf)

Standortprüfung

Die Geschäftsleitung stellt derzeit Überlegungen über die mögliche Standorterweiterung des Unternehmens an. Da jedoch noch wichtige Fakten zur Entscheidungsfindung fehlen und sichergestellt werden soll, dass auch die Faktoren berücksichtigt werden, die zur Zeit der Unternehmensgründung möglicherweise noch nicht relevant waren, beauftrage ich Sie, im Vorfeld die folgenden Fragen zu klären:

A. Welche Standortfaktoren für die Ansiedlung von Unternehmen lassen sich allgemein unterscheiden? Nennen und erläutern Sie diese.
B. Welche der genannten Standortfaktoren sind für das Bergische Papierkontor in der gegebenen Situation von Bedeutung?

Bitte um schnelle Bearbeitung und Vorbereitung eines Kurzvortrages zu 1. und 2. Reichen Sie der Geschäftsleitung außerdem eine grafische Übersicht Ihrer Arbeitsergebnisse zu beiden Fragen ein.

1999-01-20

Dr. Schönhauser

Themenbereich 1

Die Geschäftsleitung des Bergischen Papierkontors sucht einen Standort für eine zweite Betriebsstätte

Folgesituation 1

Dr. Schönhauser hat Ihren Bericht über die theoretischen Grundlagen zum Thema Standortfaktoren erhalten und ist mit Ihrer Arbeit sehr zufrieden. In einem zweiten Schritt soll es nun darum gehen zu überprüfen, in wie fern die Geschäftsleitung des Bergischen Papierkontors diese theoretischen Überlegungen bei der konkreten Standortentscheidung für eine zweite Betriebsstätte berücksichtigen kann. Bearbeiten Sie zur Klärung dieser Problematik die folgenden Arbeitsaufträge.

Nehmen Sie erneut an, Sie seien:

Günther Wolf
Abteilungsleiter Lager/Versand

Arbeitsaufträge

1.1. Da Sie ein „visueller Typ" sind, versuchen Sie zunächst wichtige Fakten anschaulich darzustellen. Sie übertragen daher die Standorte der Kunden und Lieferanten der Bergischen Papierkontor GmbH in die beiliegende Karte der Bundesrepublik Deutschland. Benennen Sie zunächst die durch Punkte gekennzeichneten großen Städte in Deutschland. Berücksichtigen Sie danach mit Hilfe der vorgegebenen symbolischen Darstellung ...
a) die Unterscheidung von Lieferanten und Kunden sowie
b) die unterschiedliche Bedeutung der Kunden und Lieferanten in Bezug auf die bisherigen Absatz- und Beschaffungsmengen, falls dies auf Grund der Stammdaten im Teil B des Buches möglich ist. Variieren Sie hierzu die Symbole in ihrer Größe.

1.2. Beschreiben Sie die geografische Verteilung der Kunden und Lieferanten des Bergischen Papierkontors und überlegen Sie, welcher Standort für eine weitere Betriebsstätte zu favorisieren ist, wenn die Standortentscheidung vorwiegend nach dem Gesichtspunkt
a) der Verkehrsorientierung,
b) der Beschaffungsorientierung oder
c) der Absatzorientierung getroffen wird.

Sollten Sie bei der Aufgabe Schwierigkeiten haben, schlagen Sie doch einfach im Lehrbuch nach, beispielsweise in der Handelsbetriebslehre, Band 1 (Grundwissen). Dort finden Sie die notwendigen Informationen ab Seite 28.

Themenbereich 1

Die Geschäftsleitung des Bergischen Papierkontors sucht einen Standort für eine zweite Betriebsstätte

Folgesituation 2

Ihre Ausarbeitungen zur konkreten Standortwahl in der Folgesituation 1 haben bei der Geschäftsleitung einen guten Eindruck hinterlassen. Dennoch ist sich Dr. Schönhauser nicht sicher, ob die berücksichtigten Faktoren der Verkehrs-, Absatz- und Beschaffungsorientierung alleine ausreichen, eine sinnvolle Standortentscheidung zu treffen. Er nimmt daher noch einmal Kontakt zur Unternehmensberatung Symplex GmbH auf und bittet um weitere Hilfe bei der Standortwahl.
Bei einem Gespräch mit dem Unternehmensberater Lurch fällt immer wieder der Begriff der „Entscheidungsbewertungstabelle". Herr Lurch rät Dr. Schönhauser in diesem Zusammenhang immer wieder dazu, die Standortentscheidung auf der Grundlage einer soliden Analyse mit Hilfe einer solchen Tabelle zu treffen.
Dr. Schönhauser will diesem Rat folgen und beauftragt Sie, Informationen über diese Art der Entscheidungshilfe einzuholen. Bei einem Telefonat werden Sie von Dr. Schönhauser über das Gespräch mit Herrn Lurch unterrichtet. Außerdem bittet er Sie, die unten stehenden Aufträge zu bearbeiten.

Sie sind wieder:

Günther Wolf
Abteilungsleiter Lager/Versand

Arbeitsaufträge

2.1. „Herr Wolf. Ich möchte, dass Sie sich einmal genauer um einen geeigneten Standort für unser Vorhaben kümmern. Es ist sinnvoll, die richtige Auswahl eines Standortes mit einer Entscheidungsbewertungstabelle herauszufinden. Machen Sie sich daher zunächst einmal mit dem Aufbau und den Arbeitsschritten bei der Arbeit mit einer Entscheidungsbewertungstabelle vertraut. Die Unterlagen hierzu habe ich Ihnen zukommen lassen."

2.2. „Wenn Sie hiermit fertig sind, führen Sie für die Standortplanungen des Bergischen Papierkontors unter Verwendung der beiliegenden Informationen eine konkrete Entscheidungsbewertung für die Standorte München, Kiel, Dresden und Aachen durch."

2.3. „Danach bitte ich um einen mündlichen Bericht über Ihren Standortvorschlag sowie um die Erläuterung Ihrer Gründe für diese Entscheidung."

2.4. Nachdem Sie die Ihnen aufgetragenen Aufgaben gelöst haben, interessiert Sie, ob Ihre Standortentscheidung mit den Überlegungen aus Aufgabe 1.2 in Übereinstimmung zu bringen sind. Was stellen Sie bei Ihrem Vergleich fest?

2.5. Dr. Schönhauser hat in einem Gespräch erwähnt, dass die Funktionen des Großhandels bei allen Überlegungen eine wichtige Rolle spielen. Herr Wolf überlegt daher, welche Funktionen ein Großhandelsbetrieb überhaupt hat und wie diese in die Entscheidungsfindung eingebunden werden können? Bearbeiten Sie diese Frage.
Nutzen Sie zur Lösung dieser Aufgabe auch die Ausführungen im Lehrbuch Handelsbetriebslehre, Band 1 ab Seite 11.

2.6. Das Verfahren der Entscheidungsbewertungstabelle haben Sie verstanden. Am Abend geht Ihnen aber noch ein weiterer Gedanke hierzu durch den Kopf: Kann man eine solche Tabelle eigentlich nur für die Wahl eines Standortes verwenden? Sammeln Sie mögliche Entscheidungen, bei denen eine solche Tabelle im unternehmerischen und privaten Bereich eingesetzt werden kann.

Themenbereich 1

Die Geschäftsleitung des Bergischen Papierkontors sucht einen Standort für eine zweite Betriebsstätte

Folgesituation 3

Die Wahl eines geeigneten Standortes für eine zweite Betriebsstätte des Bergischen Papierkontors ist mit Ihrer Hilfe getroffen worden. Dr. Schönhauser bedankt sich bei Ihnen für Ihre umfangreiche und fachlich kompetente Hilfe. Nachdem klar ist, dass Ihre neue Betriebsstätte in _____ errichtet werden soll, stellt sich nun die Frage, welche weiteren Schritte bei der Umsetzung Ihres Vorschlages eingeleitet werden müssen.
Dr. Schönhauser erläutert bei einer Gesprächsrunde mit den Abteilungsleitern des Unternehmens noch einmal die Hintergründe der Standortentscheidung und bittet Sie ein weiteres Mal um Ihre Hilfe. Im Einzelnen sollen Sie eine Entscheidungsvorlage zu den unten stehenden Arbeitsaufträgen liefern. Dr. Schönhauser geht davon aus, dass die neue Betriebsstätte noch im laufenden Geschäftsjahr eröffnet werden kann und bittet Sie, sich unverzüglich an die Arbeit zu begeben.

Versetzen Sie sich erneut in die Person von:

Günther Wolf
Abteilungsleiter Lager/Versand

Aufgabe 3.2 lösen Sie als:

Manfred Deneke
Abteilungsleiter Allgemeine Verwaltung

Arbeitsaufträge

3.1. Dr. Schönhauser wendet sich erneut an Sie. „Herr Wolf. Überprüfen Sie doch einmal, welche Überlegungen wir zwischen der Standortentscheidung in unserem Hause und der tatsächlichen Geschäftsaufnahme der zweiten Betriebsstätte anstellen müssen. Ich erwarte mit Spannung Ihren Bericht."

3.2. Ihre Arbeitsergebnisse sind bei der Geschäftsleitung gut angekommen. Da Dr. Schönhauser aber im Einzelfall noch nicht genau klar ist, was bei der konkreten Umsetzung der Standortpläne auf die einzelnen Bereiche des Unternehmens zukommt, verfasst er eine kurze Notiz an Manfred Deneke, den Leiter der Allgemeinen Verwaltung:

> „Sie haben aus unserer letzten Hausmitteilung erfahren, dass das Bergische Papierkontor eine Standorterweiterung im Raum _____ plant. Herr Wolf hat in diesem Zusammenhang bereits wichtige Vorarbeiten geleistet. Es wäre aus meiner Sicht wichtig zu wissen, welche möglichen Auswirkungen diese Standortentscheidung auf die Finanzierung, die Personalwirtschaft sowie den Absatz- und Beschaffungsbereich des Unternehmens hat. Machen Sie Vorschläge, wie diese Auswirkungen im zeitlichen Ablauf (siehe 3.1) berücksichtigt werden sollten."

3.3. Die Geschäftsleitung erwartet, dass Herr Wolf und Herr Deneke ihre Arbeitsergebnisse zu 3.1. und 3.2. stichpunktartig in einer Aktennotiz zusammenfassen.

Themenbereich 1

Die Geschäftsleitung des Bergischen Papierkontors sucht einen Standort für eine zweite Betriebsstätte

Folgesituation 4

Die Vorbereitungen für die Errichtung der weiteren Betriebsstätte laufen auf Hochtouren. Dr. Schönhauser ist froh, dass die erforderlichen Arbeiten dank Ihrer Hilfe sehr gut im Zeitplan liegen. Mit der konkreten Errichtung des zweiten Betriebes stellt sich zugleich auch die Frage nach der Eintragung des neuen Betriebes in das Handelsregister. Dr. Schönhauser erinnert sich, dass er vor einiger Zeit von der örtlichen IHK ein Schreiben mit Informationen zur Handelsrechtsreform erhalten hat. Vor der Eintragung der neuen Betriebsstätte will er daher prüfen, welche Auswirkungen die neuen Bestimmungen für das Unternehmen im Allgemeinen und für die Errichtung des neuen Betriebes im Besonderen haben.

Dr. Schönhauser will daher die in den unten stehenden Arbeitsaufträgen formulierten Fragen klären. Übernehmen Sie diese Aufgabe für den Geschäftsführer.

Jetzt agieren Sie als:

Dr. Schönhauser
Geschäftsführer

Arbeitsaufträge

4.1. Welche Neuerungen zur Firmierung und zum Begriff der Kaufleute hat die Handelsrechtsreform von 1998 gebracht? (Vergleichen Sie altes und neues HGB!)

4.2. Haben diese Veränderungen Konsequenzen für die Bergische Papierkontor GmbH?

4.3. Bei welchem Amtsgericht muss das geplante Lager- und Versandgebäude, das als neue unselbstständige Betriebsstätte geführt werden soll, angemeldet werden? Entscheiden Sie diese Frage und füllen Sie die abgedruckte Gewerbeanmeldung im Anhang des Themenbereichs für das Bergische Papierkontor so weit wie möglich aus.

4.4. Wie müssen die Geschäftsbriefe des Unternehmens nach den neuen gesetzlichen Bestimmungen gestaltet sein? Erläutern Sie die Vorschriften des Gesetzes.

4.5. Entwerfen Sie mit Hilfe Ihrer Arbeitsergebnisse aus 4.1. – 4.4. das Muster eines Geschäftsbriefes für die Bergische Papierkontor GmbH und berücksichtigen Sie hierbei bereits den neuen Unternehmensstandort.

Sie haben die Möglichkeit, die zu bearbeitende Seite (Material M 4) mit Hand zu beschriften bzw. sie herauszunehmen und zur EDV-Bearbeitung in einen Drucker einzuspannen. Beachten Sie bitte bei der Bearbeitung mit EDV, dass auf Grund der Ränder keine ganze DIN A4-Seite zur Verfügung steht.

Themenbereich 1

Die Geschäftsleitung des Bergischen Papierkontors sucht einen Standort für eine zweite Betriebsstätte

Zusatzinformationen zur Bearbeitung der Aufgaben:

M1

Karte der Bundesrepublik Deutschland mit dem Standort des Bergischen Papierkontors

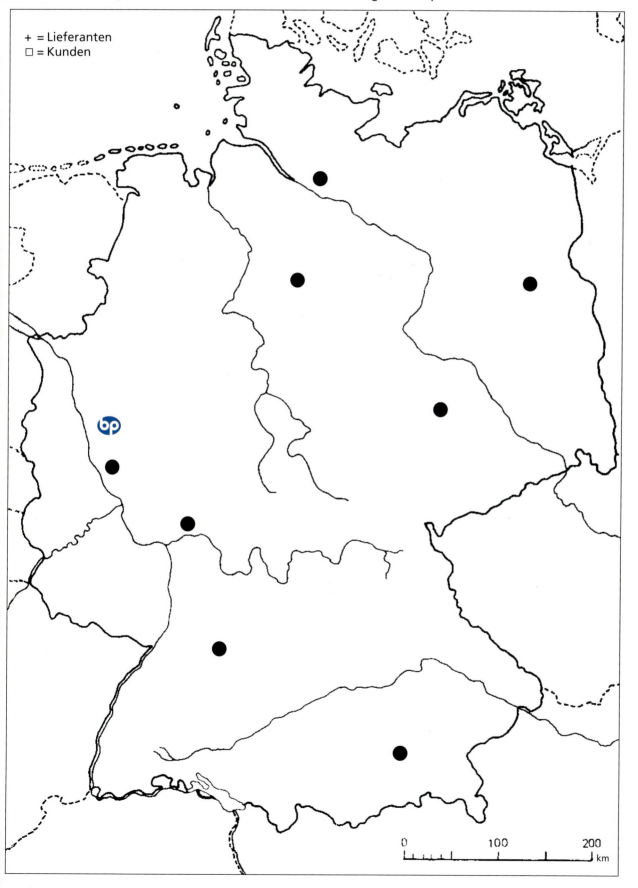

+ = Lieferanten
□ = Kunden

Themenbereich 1

Die Geschäftsleitung des Bergischen Papierkontors sucht einen Standort für eine zweite Betriebsstätte

M2
Entscheidungsbewertungstabelle: Leerraster zur Bearbeitung der Aufgaben

Standortfaktoren	I	Standort München		Standort Kiel		Standort Aachen		Standort Dresden	
		B	W	B	W	B	W	B	W
Allgemeine Faktoren									
Steuerliche Abgaben									
Freizeiteinrichtungen									
Allgemeine Wohnqualität									
Kulturelle Angebote									
Politische Situation									
Klima									
Leistungsbezogene Faktoren									
Grundstückspreise									
Mieten, Pachten									
Geeignete Arbeitskräfte									
Stromkosten									
Telekommunikationsmögl.									
Verkehrsinfrastruktur									
Kosten von Roh-, Hilfsstoffen...									
Absatzbezogene Faktoren									
Absatzmärkte									
Wettbewerbssituation									
Güterverkehrsunternehmen									
Erreichbarkeit pot. Kunden									
Summen									
Rang									

* : keine Angaben

Arbeitsblatt

Themenbereich 1

Die Geschäftsleitung des Bergischen Papierkontors sucht einen Standort für eine zweite Betriebsstätte

M3

Formular: Gewerbeanmeldung

1	Im Handels-, Genossenschafts- oder Vereinsregister eingetragener Name	2	Ort und Nr. der Eintragung

3	Familienname	4	Vorname

5	Geburtsname

6	Geburtsdatum	7	Geburtsort (Ort, Kreis, Land)

8	Staatsangehörigkeit	
	Deutsch	Andere

9	Anschrift der Wohnung	Tel.: /
		Fax: /

Angaben zum Betrieb	10	Zahl der geschäftsführenden Gesellschafter
		Zahl der gesetzlichen Vertreter
11	Vertretungsberechtigte Person Familienname	Vornamen

12	Anschrift der Betriebsstätte	Tel.: /
		Fax: /
13	Anschrift der Hauptniederlassung	Tel.: /
		Fax: /
14	Anschrift der früheren Betriebsstätte	Tel.: /
		Fax: /

15	Angemeldete Tätigkeit (Schwerpunkt ist unterstrichen)	16	Datum des Betriebsbeginns

17	Art des angemeldeten Betriebes	18	Anzahl der voraussichtl. im Betrieb beschäftigten Mitarbeiter
	Industrie Handwerk Handel Sonstige		

Die Anmeldung wird erstattet für	19	eine Hauptniederlassung	eine Zweigniederlassung	eine unselbstständige Zweigstelle
	20	ein Automatenaufstellungsgewerbe	21	ein Reisegewerbe

Wegen	22	Neuerrichtung des Betriebes	23	Übernahme eines bestehenden Betriebes

24	Name des früheren Betriebsinhabers (falls bekannt)	*Falls der Betriebsinhaber für die angemeldete Tätigkeit eine Erlaubnis benötigt, in die Handwerksrolle einzutragen oder Ausländer ist:*
25	Liegt eine Erlaubnis vor?	Ja, erteilt am/von (Behörde):
26	Liegt eine Handwerkskarte vor?	Ja, erteilt am/von (Handwerkskammer):
27	Liegt eine Aufenthaltserlaubnis vor?	Ja, erteilt am/von (Behörde):
28	Die Aufenthaltserlaubnis enthält keine Auflage oder Beschränkung	Enthält folgende Auflage oder Beschränkung:

Hinweis: Diese Anzeige berechtigt nicht zum Beginn des Gewerbebetriebes, wenn noch eine Erlaubniss oder eine Eintragung in die Handwerksrolle notwendig ist. Zuwiderhandlungen können mit Geldbuße oder Geldstrafe oder Freiheitsstrafe geahndet werden. Die Fortsetzung eines derartigen Betriebes kann verhindert werden.

29	Datum	30	Unterschrift	*An die entgegennehmende Gemeinde*

Quelle (nach): http://www.stadt-obertshausen.com/gewerbe/anmeldung.htm

Themenbereich 1
Die Geschäftsleitung des Bergischen Papierkontors sucht einen Standort für eine zweite Betriebsstätte

M 4
Entwurf eines Geschäftsbriefes

Bergisches Papierkontor GmbH

Arbeitsblatt

Themenbereich 1

Die Geschäftsleitung des Bergischen Papierkontors sucht einen Standort für eine zweite Betriebsstätte

M 5

Unternehmerische Standortfaktoren

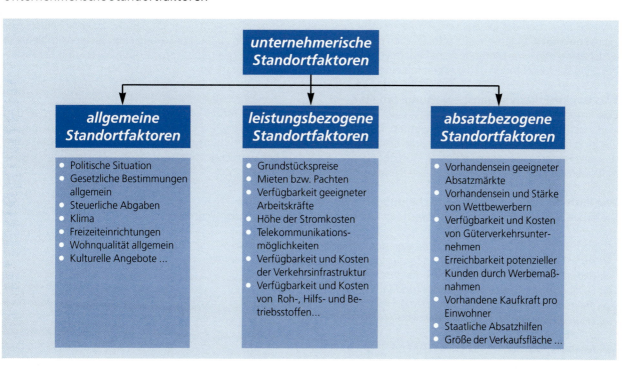

M 6

Standortfaktoren für das Bergische Papierkontor

Bergisches Papierkontor GmbH

Hausmitteilung Nr.: 3/99

Standortfaktoren für die Bergische Papierkontor GmbH

Die Bergische Papierkontor GmbH ist im Bereich des Papiergroßhandels tätig. Die Ansiedlung unseres Unternehmens unterliegt als Handelsunternehmen vor allem den folgenden Standortfaktoren:

1. Die Grundstücks- und Gebäudepreise sind auf Grund der Tatsache, dass das Bergische Papierkontor über umfangreiche überdachte Lagerflächen verfügen muss, von großer Bedeutung.

2. Zur Reduzierung der Transportkosten für die Lieferung unserer Waren an die Kunden (Absatznähe) sowie für die Anlieferung der von uns benötigten Waren (Beschaffungsnähe) sind wir grundsätzlich an einer Nähe zu den Absatz- und Beschaffungsmärkten interessiert.

3. Als Handelsunternehmen müssen wir daran interessiert sein, dass die Infrastruktur im Kommunikations- und Verkehrsbereich leistungsfähig, flächendeckend und kostengünstig vorhanden ist.

1999-02-20

Dr. Schönhauser

Themenbereich 1

Die Geschäftsleitung des Bergischen Papierkontors sucht einen Standort für eine zweite Betriebsstätte

M 7

Entscheidungsbewertungstabelle: Einführung in die Methodik

In vielen Bereichen des Lebens sind Probleme nicht eindeutig im Sinne von „richtig" oder „falsch" zu entscheiden. Vor allem komplexe Probleme lassen oftmals auch mehrere alternative Lösungen zu. Bei der Lösung eines solchen Problems ist es daher wichtig, eine Methode zu haben, mit der man aus mehreren Lösungsalternativen die optimale Lösung herausfindet. Eine solche Methode ist die Arbeit mit einer Entscheidungsbewertungstabelle.

Was ist eine Entscheidungsbewertungstabelle?
Eine Entscheidungsbewertungstabelle ist eine Tabelle, in der Faktoren, die für die Lösung eines Problems von Bedeutung sind, nach ihrer Wichtigkeit bewertet werden. Die Alternative, die am Ende die höchste Punktzahl erhält, ist, wenn die Bewertung richtig vorgenommen wurde, die beste Alternative. Insgesamt kommt es darauf an, dass darauf geachtet wird, dass alle Faktoren, die einen Einfluss auf ein gegebenes Problem haben, berücksichtigt werden, und dass genügend Informationen vorliegen, mit denen eine Bewertung vorgenommen werden kann.

Wie läuft die Arbeit mit einer Entscheidungsbewertungstabelle ab?
Die Arbeit mit einer Entscheidungsbewertungstabelle erfolgt in den folgenden Schritten:

1. Formulierung des Problems, welches mit der Tabelle gelöst werden soll
2. Auflistung aller Faktoren, die bei der Entscheidungsfindung eine Rolle spielen
3. Bildung von Faktorengruppen, die Teilentscheidungen ermöglichen
4. Festlegung der Gewichtung der gefundenen Faktoren (I)
5. Suche nach Informationen, die Aussagen über die gefundenen Faktoren zulassen
6. Festlegung einer Bewertungsskala zur Bewertung der einzelnen Informationen (nach umgekehrter Notenskala...(B))
7. Multiplikation von I∗B zu einem Wert (W)
8. Addition der Werte, die für die einzelnen Faktoren ermittelt wurden
9. Festlegung des 1., 2., 3. usw. Ranges der Punktzahlen
10. Vorstellung der besten Alternative mit Herausstellung der Vor- und Nachteile

Beispiel für eine Entscheidungsbewertungstabelle

Standortfaktoren	I	Standort A		Standort B		Standort C	
		B	W	B	W	B	W
A) Allgem. Standortfaktoren							
Wohn- und Freizeitwert	5	4	20	6	30	4	20
Infrastruktur	15	6	90	3	45	5	75
Teilsumme I	20		110		75		95
B) Spezielle Standortfaktoren							
Fachkräfteangebot	8	6	48	6	48	5	40
Anwesenh. v. Wettbewerbern	16	3	48	2	32	2	32
Gewerbeflächenangebot	14	5	70	2	28	3	42
Verkehrsanbindung	20	1	20	4	80	6	120
Potenzielle Abnehmer	20	2	40	2	40	2	40
Wirtschaftsförderung	2	3	6	5	10	2	4
Teilsumme II	80		232		238		278
Gesamtsumme	100		342		313		373
Rangstufe			2		3		1

Legende:
I = Idealwert
B = Bewertung
W = Bewertung, gewichtet

Es gilt:
I∗B = W

Themenbereich 1

Die Geschäftsleitung des Bergischen Papierkontors sucht einen Standort für eine zweite Betriebsstätte

M 8

Ergebnisse der Standortstudie für das Bergische Papierkontor

Standort München

Der Standort München weist eine hohe Vielfalt an kulturellen Einrichtungen auf. Im Bereich der Verkehrsinfrastruktur verfügt der Standort über ein sehr gut ausgebautes Straßennetz, eine leistungsfähige Anbindung an das Schienennetz der Deutschen Bundesbahn und einen modernen Flughafen mit Verbindungen in alle Welt. Die Stromkosten sind als relativ hoch zu bezeichnen, Arbeitskräfte sind mit allen Qualifikationen verfügbar, das Telekommunikationsnetz gilt als vorbildlich. Am Standort München steht den Unternehmen eine große Anzahl an Güterverkehrsbetrieben zur Verfügung, die zu guten Konditionen Waren befördern. In München und Umgebung haben sich verschiedene ernsthafte Wettbewerber angesiedelt. Die Mieten und Grundstückspreise sind im Deutschlandvergleich ebenso wie die kommunalen Steuern und sonstigen Abgaben als hoch einzustufen. Die Wohnqualität in München belegt bundesweit einen Spitzenplatz. Auf Grund der hohen Dichte Münchens mit Telekommunikationseinrichtungen können potenzielle Kunden problemlos erreicht werden.

Standort Dresden

Dresden weist ein überdurchschnittliches kulturelles Angebot sowie im Bundesdurchschnitt niedrige kommunale Abgaben auf. Die Wohnqualität kann als gut angesehen werden. Verkehrsmäßig sind zahlreiche Projekte, die die derzeit noch durchschnittliche Ausstattung verbessern sollen, in der Realisierung. In wenigen Jahren werden die Infrastrukturbedingungen insgesamt im oberen Bereich des Bundesdurchschnitts liegen. Die Arbeitslöhne sind ebenso wie die Energiekosten und die Mieten und Grundstückspreise als niedrig einzustufen. Arbeitskräfte im gewünschten Bereich des Bergischen Papierkontors sind in großer Zahl mit einer hohen Motivation vorhanden. Die Telekommunikationsbedingungen können nach den enormen Investitionen der Telekom AG europaweit als vorbildlich bezeichnet werden. In der Umgebung von Dresden sind kaum Konkurrenten des Bergischen Papierkontors ansässig, die Beförderung von Gütern wirft derzeit aber noch einige Probleme auf. Ein Schwachpunkt ist derzeit außerdem die Erreichbarkeit der Kunden durch die Medien. Auch hier soll sich in den nächsten Jahren vieles bessern.

Standort Aachen

Der Standort Aachen weist unter anderem auf Grund der kulturellen Vielfalt eine relativ hohe Wohnqualität auf. Qualifizierte Arbeitskräfte sind zu mittleren Lohnkosten verfügbar. Die Preise für Grundstücke und Mieten haben ein leicht über dem deutschen Durchschnitt liegendes Niveau, die Stromkosten sind, ebenso wie die kommunalen Abgaben, als durchschnittlich zu bewerten. Verkehrsmäßig und auch von der Ausstattung mit Telekommunikationseinrichtungen her ist der Standort Aachen als relativ günstig einzustufen. In Aachen und Umgebung befinden sich keine Standorte von Konkurrenten des Bergischen Papierkontors. Zahlreiche Güterverkehrsunternehmen führen zu einem problemlosen Warenverkehr, die eingeschränkte Zahl an Medien führt dazu, dass nicht alle Kunden in kurzer Zeit erreicht werden können.

Standort Kiel

Der Standort Kiel verfügt über eine mittlere Wohnqualität und eine große Anzahl qualifizierter Arbeitskräfte. Das Telekommunikationsnetz ist gut ausgebaut, Mieten, Löhne und Grundstückspreise liegen im Mittelfeld, die Stromkosten können als relativ niedrig bezeichnet werden. Mit kulturellen Einrichtungen ist der Standort Kiel relativ gut ausgestattet, die Abgaben für Wirtschaftsunternehmen sind durchschnittlich hoch. Die Verkehrsinfrastruktur in Kiel und Umgebung ist durchschnittlich. Eine Autobahnanbindung ist vorhanden, ein leistungsfähiger Flughafen fehlt, an das IC-Netz der Deutschen Bundesbahn ist Kiel angeschlossen. Im Raum Kiel sind verschiedene ernste Konkurrenten des Bergischen Papierkontors vertreten. Die Warenbeförderung stellt auf Grund der nur mittleren Ausstattung mit Güterverkehrsbetrieben in einigen Bereichen ein Problem dar. Kunden des Papiergroßhandels sind durch die Medien erreichbar.

Themenbereich 1

Die Geschäftsleitung des Bergischen Papierkontors sucht einen Standort für eine zweite Betriebsstätte

M 9
Handelsrechtsreformgesetz von 1998 – Gegenüberstellung des alten und neuen Kaufmannsbegriffs

alte Regelungen (§§ 1 – 6 HGB)

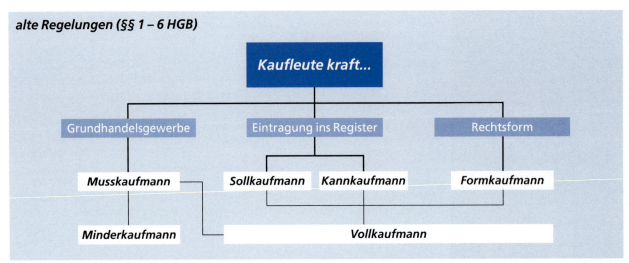

neue Regelungen (§§ 1 – 6 HGB)

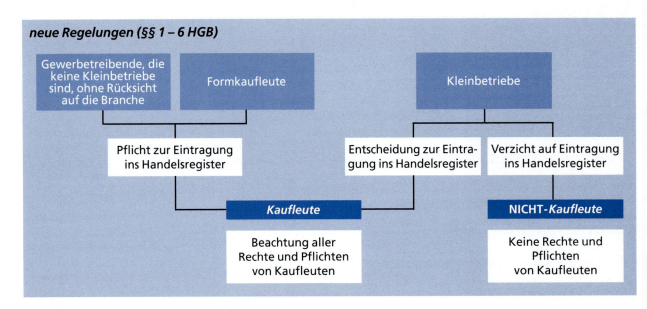

M 10
Anforderungen an die Firma nach dem HGB (neu)

Themenbereich 1
Die Geschäftsleitung des Bergischen Papierkontors sucht einen Standort für eine zweite Betriebsstätte

M 11

Handelsrechtsreformgesetz von 1998 – *Vorschriften für Geschäftsbriefe*

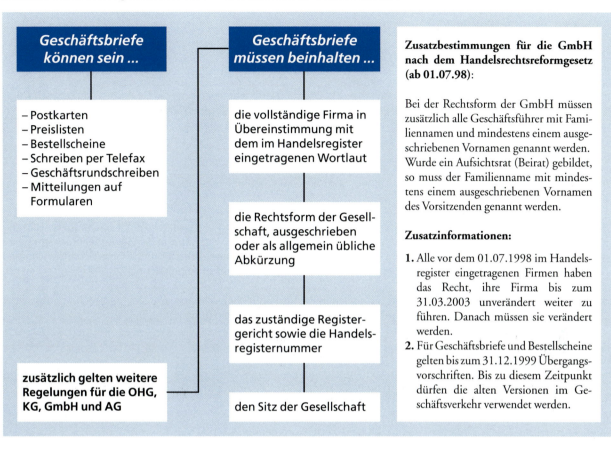

Geschäftsbriefe können sein ...
- Postkarten
- Preislisten
- Bestellscheine
- Schreiben per Telefax
- Geschäftsrundschreiben
- Mitteilungen auf Formularen

zusätzlich gelten weitere Regelungen für die OHG, KG, GmbH und AG

Geschäftsbriefe müssen beinhalten ...
- die vollständige Firma in Übereinstimmung mit dem im Handelsregister eingetragenen Wortlaut
- die Rechtsform der Gesellschaft, ausgeschrieben oder als allgemein übliche Abkürzung
- das zuständige Registergericht sowie die Handelsregisternummer
- den Sitz der Gesellschaft

Zusatzbestimmungen für die GmbH nach dem Handelsrechtsreformgesetz (ab 01.07.98):

Bei der Rechtsform der GmbH müssen zusätzlich alle Geschäftsführer mit Familiennamen und mindestens einem ausgeschriebenen Vornamen genannt werden. Wurde ein Aufsichtsrat (Beirat) gebildet, so muss der Familienname mit mindestens einem ausgeschriebenen Vornamen des Vorsitzenden genannt werden.

Zusatzinformationen:

1. Alle vor dem 01.07.1998 im Handelsregister eingetragenen Firmen haben das Recht, ihre Firma bis zum 31.03.2003 unverändert weiter zu führen. Danach müssen sie verändert werden.
2. Für Geschäftsbriefe und Bestellscheine gelten bis zum 31.12.1999 Übergangsvorschriften. Bis zu diesem Zeitpunkt dürfen die alten Versionen im Geschäftsverkehr verwendet werden.

Themenbereich 1

Die Geschäftsleitung des Bergischen Papierkontors sucht einen Standort für eine zweite Betriebsstätte

M 12

Gewerbeanmeldung und Eintragung ins Handelsregister

So melden Sie Ihr Gewerbe an:

Wenn Sie eine selbstständige gewerbliche Tätigkeit aufnehmen wollen, müssen Sie dies zuvor dem zuständigen Bezirks- oder Ortsamt (dort der Abteilung Wirtschafts- und Ordnungsamt) anzeigen. Das Gleiche gilt, wenn Sie Ihre Geschäftstätigkeit ändern wollen oder Sie Ihren Betrieb aufgeben.

Ihr Gewerbe können Sie persönlich beim Wirtschafts- und Ordnungsamt anmelden oder die Gewerbeausübung schriftlich anzeigen. Sie können aber auch eine andere Person mit der Anmeldung beauftragen. Die von Ihnen mit der Gewerbeanmeldung beauftragte Person benötigt eine Vollmacht und eine Fotokopie Ihres gültigen Personalausweises, um die Anmeldung vornehmen zu können. Für die Gewerbeanmeldung müssen Sie zur Zeit eine Gebühr von 35,– DM (=17,9 €) entrichten.

- Im Falle der Anmeldung eines Einzelunternehmens wird die Gewerbeanmeldebescheinigung auf den Namen des Inhabers ausgestellt.

- Bei einer Offenen Handelsgesellschaft (OHG), Kommanditgesellschaft (KG) oder Gesellschaft mit beschränkter Haftung (GmbH) wird die Firma, mit der die Gesellschaft im Handelsregister geführt wird, auch in die Gewerbeanmeldebescheinigung eingetragen. Anzeigepflichtig ist im Falle einer OHG oder KG jeder geschäftsführende Gesellschafter, während bei der GmbH die Gesellschaft, handelnd durch den oder die Geschäftsführer, anzeigepflichtig ist.

- Sollten Sie die Gründung einer Gesellschaft bürgerlichen Rechts (GbR) beabsichtigen, müssen Sie beachten, dass jeder Gesellschafter eine auf seinen Namen ausgestellte Gewerbeanmeldebescheinigung benötigt.

Achtung:
Die Gewerbeanmeldung berechtigt nicht zur Aufnahme der gewerblichen Tätigkeit, wenn noch eine besondere Erlaubnis (z. B. Gaststättenkonzession) oder die Eintragung in die Handwerksrolle notwendig ist.

Tipp:
Klären Sie mögliche Erlaubnispflichten vorher mit der Handelskammer ab!

Wenn Sie Ihr Gewerbe angemeldet haben, teilt das Wirtschafts- und Ordnungsamt dies dem zuständigen Finanzamt, der Berufsgenossenschaft und der Handelskammer mit. Sie werden automatisch Mitglied unserer Handelskammer Hamburg und sind somit auch grundsätzlich beitragspflichtig. Um mehr über unsere Aufgaben und unser umfangreiches Leistungsangebot zu erfahren, sollten Sie einen Blick in unsere Broschüren "Testen Sie uns" und "Rufen Sie an" werfen (erhältlich im ServiceCenter der Handelskammer).

Quelle: Handelskammer Hamburg, Informationen aus dem Internet (Stand 1/99)
http://www.hamburg.ihk.de

Aufgaben und Arbeitsmaterialien zum Themenbereich 2:
Arbeitsabläufe und deren Rechtsgrundlagen im Absatz- und Beschaffungsbereich

Die bp GmbH berät die Bergische Metall-GmbH in Sachen Warenwirtschaftssystem

Themenbereich 2

Die bp GmbH berät die Bergische Metall-GmbH in Sachen Warenwirtschaftssystem

Ausgangssituation:

Herr Dr. Schönhauser telefoniert seit langer Zeit wieder mit seinem alten Bekannten Ludwig Schlinkmann, dem Geschäftsführer der Bergischen Metall-GmbH. Nachdem sich beide über die „guten alten Zeiten" ausgetauscht haben, kommt Herr Schlinkmann auf ein Problem zu sprechen, welches ihn derzeit in der Bergischen Metall-GmbH beschäftigt. Im Einzelnen beschreibt Herr Schlinkmann die Problematik am Telefon wie folgt:

„Auf der wöchentlichen Abstimmungskonferenz zwischen der Geschäftsleitung und den Abteilungsleitern der Bergischen Metall-GmbH werden immer wieder Klagen aus den einzelnen Abteilungen thematisiert. So beschwert sich der Einkauf darüber, dass die Dateneingabe und -verwaltung zu viel Arbeitszeit beansprucht, die für die eigentlichen Arbeits- und Entscheidungsabläufe fehlt. Der Verkauf dagegen klagt darüber, dass der Datenfluss zwischen den einzelnen Abteilungen oftmals zu zeitaufwendig ist und Kundengespräche hierdurch unnötig unterbrochen werden müssen. Die Lager- und Versandabteilung schließlich bemängelt, dass der Warenfluss vom Wareneingang bis zum Warenausgang nicht lückenlos nachvollzogen werden kann. Dies ist wirklich ein Problem, das wir in der nächsten Zeit in den Griff bekommen müssen."

Herr Dr. Schönhauser erinnert sich daran, dass das Bergische Papierkontor vor der Einführung ihres Warenwirtschaftssystems ähnliche Probleme hatte. Er verspricht Ludwig Schlinkmann daher, ihm mit Rat und Tat zur Seite zu stehen und einige Anregungen zu geben, wie die geschilderten Probleme gelöst werden können. Zunächst empfiehlt er die Lektüre eines Artikels zum Thema „Warenwirtschaftssysteme", welche in der jüngsten Ausgabe einer Fachzeitschrift erschienen ist. Herr Schlinkmann will den Einsatz eines Warenwirtschaftssystems für die Bergische Metall-GmbH prüfen und beschließt, sich genauer mit der Thematik zu beschäftigen.

Da er fest entschlossen ist, die Probleme in seinem Unternehmen zu lösen, besorgt er sich alle erforderlichen Unterlagen zu dem Thema und notiert sich auf einem kleinen Zettel die unten stehenden Fragen:

Heute sind Sie:

Ludwig Schlinkmann
Geschäftsführer der
Bergischen Metall-GmbH

Punkte, die ich noch klären muss:

a) Was ist überhaupt ein Warenwirtschaftssystem?
b) In welchen Unternehmen und unternehmerischen Bereichen kann ein solches System allgemein eingesetzt werden?
c) Welche organisatorischen und technischen Voraussetzungen müssen erfüllt sein, damit ein Unternehmen mit einem solchen System arbeiten kann?
d) Kann ein Warenwirtschaftssystem dazu beitragen, die genannten Probleme der Bergischen Metall-GmbH zu lösen?

Herr Schlinkmann ist auf die Ergebnisse seiner Arbeit gespannt. Beantworten Sie für ihn die obigen Fragen und bereiten Sie mit Hilfe der beiliegenden Materialien und Ihres Lehrbuches eine entsprechende Präsentation mit einer Dauer von ca. 15 Minuten vor.

In der Handelsbetriebslehre, Band 1 finden Sie Hinweise zum Einsatz eines Warenwirtschaftssystems in den Themenbereichen 2, 3 und 4.

Themenbereich 2

Die bp GmbH berät die Bergische Metall-GmbH in Sachen Warenwirtschaftssystem

Folgesituation 1

Am folgenden Arbeitstag geht in der Verkaufsabteilung bei Anna Voß vom Verlagshaus Bücher ein Großauftrag über 6.000 Bogen Offsetdruck-Papiere (Artikelnummer 40121; Höchstbestand 35.000, Mindestbestand 9.000, vgl. Teil B) ein. Der aktuelle Lagerbestand dieses Artikels beträgt 10.000 Bogen. Das Verlagshaus Bücher legt Wert auf eine schnelle und zuverlässige Belieferung. Frau Voß notiert auf einem entsprechenden Formular an Herrn Krieger verschiedene Punkte, die in der Einkaufsabteilung geklärt werden müssen. Bearbeiten Sie diese Aufgaben aus Sicht von Herrn Krieger.

Sie arbeiten jetzt als:

Andreas Krieger
Sachbearbeiter im Einkauf

Arbeitsaufträge

1.1. „Bitte informieren Sie mich kurz darüber, ob wir in der angegebenen Sache lieferbereit und lieferfähig sind." Formulieren Sie zur Bearbeitung dieser Aufgabe zunächst einige Fragen nach dem Muster in M 1 und beantworten Sie dann mit Hilfe der vorhandenen Informationen die Frage von Frau Voß.

1.2. Nach der Klärung der ersten Frage formuliert Andreas Krieger eine Anfrage an die Hans Müller Feinpapiere AG. Er fragt hierbei die Menge Papier an, die notwendig ist, um nach der Abwicklung des Auftrages des Verlagshauses Bücher den Höchstbestand zu erhalten. Berechnen Sie nach den vorliegenden Werten die entsprechende Bestellmenge und entwerfen Sie einen entsprechenden Brief (M 3).

1.3. Wie läuft eigentlich ein Beschaffungsvorgang von der Anfrage bis zur Bezahlung in idealer Form ab? Entwerfen Sie einen solchen Ablauf in Form eines Fließschemas mit allen möglichen Teilschritten und erläutern Sie Ihr Arbeitsergebnis.

1.4. Herr Krieger hat in dem vorliegenden Fall noch einige Details zu klären. Helfen Sie ihm dabei.

a) „Welche Bezugsquellen außer der firmeneigenen Lieferantendatei kann ich nutzen, wenn ich zusätzliche Lieferantenadressen für das Offsetdruck-Papier benötige?"
b) „Kommt ein Vertrag zu Stande, wenn die Müller Feinpapier AG auf meine Anfrage hin ein verbindliches Angebot schickt? Geben Sie eine kurze Begründung."
c) „Müssen alle in 1.3 genannten Schritte bei jedem Beschaffungsvorgang eingehalten werden?"

1.5. Herr Krieger hat sich entschlossen, weitere Anfragen zu versenden, um den Auftrag des Verlagshauses Bücher annehmen zu können. Nach 10 Tagen sind drei Angebote bei ihm eingegangen (M 7). Führen Sie einen quantitativen und einen qualitativen Angebotsvergleich durch und entscheiden Sie sich begründet für das Ihrer Meinung nach beste Angebot.

1.6. Bestellen Sie bei dem von Ihnen ausgewählten Lieferanten und verfassen Sie ein entsprechendes Schreiben (M 4).

Folgende Kapitel in der Handelsbetriebslehre, Band 1, können Ihnen bei der Lösung der Aufgaben behilflich sein:
Themenbereich 2:
Kapitel 1.1 (Lieferwilligkeit und Lieferfähigkeit, Kapitel 3 (Beschaffungsvorgang, Anfrage)
Die Aufgaben 1.2 und 1.6 können sie handschriftlich oder mit Hilfe der EDV lösen.

Themenbereich 2

Die bp GmbH berät die Bergische Metall-GmbH in Sachen Warenwirtschaftssystem

Folgesituation 2

Nachdem die Einkaufsabteilung mit dem Lieferanten einen Kaufvertrag über die erforderliche Menge Offsetdruck-Papier abgeschlossen hat, wird die Verkaufsabteilung des Bergischen Papierkontors über den vereinbarten Liefertermin der Bestellung unterrichtet. Der Sachbearbeiter Andreas Krieger nimmt daraufhin Kontakt zum Verlagshaus Bücher auf und stimmt einen Liefertermin ab.

Als Andreas Krieger nach einiger Zeit eine entsprechende Abfrage im Warenwirtschaftssystem tätigt, stellt er fest, dass die bestellte Ware nicht zum vereinbarten Termin am 99-02-04 eingegangen ist. Klären Sie aus seiner Sicht die folgenden Arbeitsaufträge:

Erneut versetzen Sie sich in die Person des:

Andreas Krieger

Aufgabe 2.4 lösen Sie als:

Franz Seidlitz
Sachbearbeiter im Einkauf

Arbeitsaufträge

2.1. Kann man im vorliegenden Falle von einer Kaufvertragsstörung sprechen?

2.2. Welche Rechte stehen dem Bergischen Papierkontor in diesem Fall zu?

2.3. Schlagen Sie vor, wie Herr Krieger weiter vorgehen sollte. Überprüfen Sie dies mit Hilfe der abgedruckten Auftragsbestätigung (M 8a).
Nutzen sie zur Lösung der Aufgaben 2.1 – 2.3 die Ausführungen zum Lieferungsverzug in der Handelsbetriebslehre, Band 1, Themenbereich 2, Kapitel 4.1.

2.4. Nachdem Herr Krieger mit dem Lieferanten bezüglich der Lieferung der Offsetdruck-Papiere telefonisch die Sachlage geklärt hat, erhält er einen Tag später durch einen Auslieferungsfahrer des Verkäufers die bestellte Ware. Mehmet Kozan hat eine erste Prüfung der gelieferten Ware vorgenommen und leitet den Lieferschein weiter an Franz Seidlitz.
a) Erläutern Sie aus der Perspektive von Herrn Seidlitz, welche gesetzlichen Regelungen zur Warenprüfung vorhanden sind (§ 377 HGB).
b) Vergleichen Sie die Angaben in der Bestellung (M 4), im Lieferschein (M 8b) und im Warenannahmeschein (M 8d). Thematisieren Sie mögliche Unstimmigkeiten und machen Sie Vorschläge, wie hierauf reagiert werden sollte.
c) Ist der Beschaffungsvorgang jetzt beendet? Kann dem Lieferanten die entsprechende Kaufsumme überwiesen werden?

2.5. Vergleichen Sie den Preis Ihres Lieferanten mit dem der letzten Lieferung (s. Teil B). Erläutern Sie Ihr Arbeitsergebnis.

Themenbereich 2
Die bp GmbH berät die Bergische Metall-GmbH in Sachen Warenwirtschaftssystem

Folgesituation 3

Nachdem Ihnen im Bergischen Papierkontor die gewünschte Lieferung Offsetdruck-Papier vorliegt, wird die Ware gerade noch termingerecht an das Verlagshaus Bücher geliefert. Bei der Rechnungsbegleichung an den Lieferanten des Bergischen Papierkontors entstehen jedoch Unstimmigkeiten darüber, mit Hilfe welcher Zahlungsform der fällige Rechnungsbetrag beglichen werden soll. Bearbeiten Sie hierzu die folgenden Arbeitsaufträge.

Sie sind jetzt:

Uwe Dittmer
Sachbearbeiter im Rechnungswesen

Arbeitsaufträge

3.1. Theoretisch kann der vorliegende Rechnungsbetrag für das bestellte Offsetdruck-Papier mit Hilfe verschiedener Zahlungsformen beglichen werden. Nennen Sie die für diesen Vorgang in Frage kommenden Zahlungsformen und fertigen Sie nach dem im Anhang vorliegenden Muster (M 2) eine Übersicht über die Vor- und Nachteile der einzelnen Möglichkeiten an. *Kapitel 6 im Themenbreich 2 unserer HBL 1 wird Ihnen u. a. weiterhelfen.*

3.2. Bei einer Recherche im Internet hat Dr. Schönhauser Informationen über eine neue Zahlungsform gesammelt: das elektronische Geld. Uwe Dittmer erhält daraufhin eine Aktennotiz mit folgenden Fragen von Dr. Schönhauser.

Aktennotiz

Von: Dr. Schönhauser
Zeichen: Sc
An: Uwe Dittmer

Bereiten Sie doch bitte einen kurzen Bericht zu folgenden Fragen vor:
a) Was wird im Allgemeinen unter dem Begriff „elektronisches Geld" verstanden?
b) Welche Vor- und Nachteile hat das elektronische Geld gegenüber dem Bargeld?
c) Ist es sinnvoll, im Bergischen Papierkontor zum elektronischen Geld überzugehen?

3.3. Ihr Lieferant teilt Ihnen per Post mit, dass der vereinbarte Rechnungsbetrag nicht korrekt bei ihm eingegangen ist. Er fordert Sie daher auf, dies unverzüglich nachzuholen. Überprüfen Sie anhand der beiliegenden Belege, ob der Lieferant hiermit Recht hat, und machen Sie einen Vorschlag, wie Sie in dieser Situation weiter vorgehen.

Themenbereich 2

Die bp GmbH berät die Bergische Metall-GmbH in Sachen Warenwirtschaftssystem

Zusatzinformationen zur Bearbeitung der Aufgaben:

M1
Lieferbereitschaft und Lieferfähigkeit

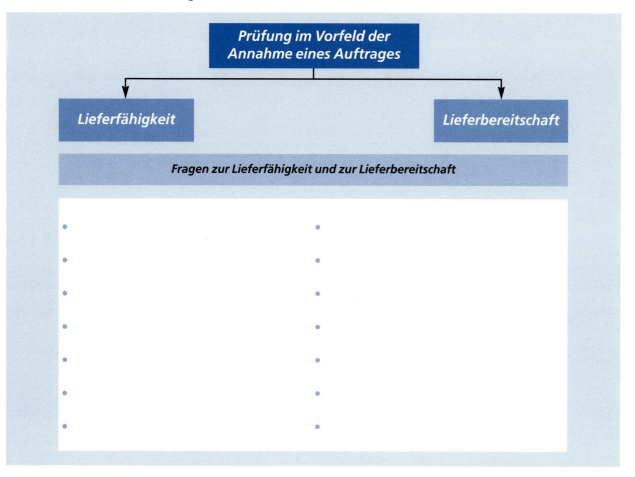

M2
Vorteile bei der Rechnungsbegleichung mit ausgewählten Zahlungsformen

Zahlungsform	Vorteile	Nachteile
Postanweisung		

Themenbereich 2

Die bp GmbH berät die Bergische Metall-GmbH in Sachen Warenwirtschaftssystem

M3
Anfrage an die Hans Müller Feinpapier AG

Bergisches Papierkontor GmbH

bp, Elberfelder Str. 85, 42285 Wuppertal

Geschäftsräume	Telefon	Bankverbindung	Postbank	Geschäftsführer: Dr. Peter Schönhauser,
Elberfelder Str. 85	0202/1236-0	Stadtsparkasse	Essen	Gesellschafter: Hubertus Oberberg, Rita Oberberg, Renate Rosenkamp
42285	Wuppertal	Wuppertal	(BLZ 360 100 43)	Amtsgericht Wuppertal, HRB 500 86/314
		(BLZ 350 500 00)	Kto. 1210 52-509	
		Kto. 600 521 98		

Themenbereich 2

Die bp GmbH berät die Bergische Metall-GmbH in Sachen Warenwirtschaftssystem

M 4
Bestellung

Bergisches Papierkontor GmbH

bp, Elberfelder Str. 85, 42285 Wuppertal

Arbeitsblatt

Geschäftsräume	Telefon	Bankverbindung	Postbank	Geschäftsführer: Dr. Peter Schönhauser,
Elberfelder Str. 85	0202/1236-0	Stadtsparkasse	Essen	Gesellschafter: Hubertus Oberberg, Rita Oberberg, Renate Rosenkamp
42285	Wuppertal	Wuppertal	(BLZ 360 100 43)	Amtsgericht Wuppertal, HRB 500 86/314
		(BLZ 350 500 00)	Kto. 1210 52-509	
		Kto. 600 521 98		

Themenbereich 1

Die bp GmbH berät die Bergische Metall-GmbH in Sachen Warenwirtschaftssystem

M 5
Warenwirtschaftssystem

Mit Hilfe eines Warenwirtschaftssystems ist es möglich, alle anfallenden Schritte eines Warenflusses in einem geschlossenen Kreislaufsystem zu erfassen und die entsprechenden Daten adressatenbezogen zugänglich zu machen. Die Erfassung, Verwaltung und Auswertung der Daten erfolgt schneller, als dies ohne Warenwirtschaftssystem möglich ist, die betrieblichen Arbeitsabläufe werden optimiert.

Warenwirtschaftssysteme sind in den letzten Jahren in vielen Industrie-, Handels- und Verkehrsbetrieben installiert worden. Ihre Einsatz geht vor allem auf folgende Entwicklungen zurück:

- Allgemeiner Trend zum „papierlosen Büro": In der Vergangenheit wurde der Warenfluss mit Hilfe eine Vielzahl von Belegen und Karteikarten, die in den verschiedenen Abteilungen eines Betriebes erstellt wurden, kontrolliert. Hierbei entstand eine große Flut an Belegen, die erstellt, bewegt und archiviert werden mussten. Vorrangig aus Kostengründen wurde daher nach Verfahren Ausschau gehalten, die diese aufwändige und teure Form der Warenflusskontrolle verbessern können. Eine mögliche Lösung bietet sich durch ein Warenwirtschaftssystem an. Die Daten werden einmal erfasst und sind für alle Abteilungen jederzeit abrufbereit und einsetzbar. Belege werden nur dort erstellt, wo sie für den Kunden oder Lieferanten oder für ausgewählte interne Zwecke benötigt werden.

- Nutzung der EDV-Vernetzungsmöglichkeiten: Moderne EDV-Systeme bieten die Möglichkeit, den gesamten Betrieb mit seinen Computern zu vernetzen. Dies bedeutet, dass ein Zentralrechner alle Datenbestände verwaltet und diese an autorisierte Stellen weiterleitet. Wird ein solches System mit einer geeigneten Warenwirtschaftssoftware versehen, so bietet sich hier eine Möglichkeit, Daten, die für den Warenfluss notwendig sind, an die Stellen weiterzuleiten, die diese Daten für ihre Arbeit benötigen. Einkauf, Verkauf, Lager, Geschäftsleitung oder Buchhaltung können somit die für sie relevanten Daten abfragen, verändern und auswerten.

- Anforderung an moderne Kommunikationssysteme: Die mehrmalige Erfassung von Daten sowie das Warten auf die notwendigen Datenbestände auf Belegen und Karteikarten war (und ist auch heute teilweise noch) ein sehr zeitaufwendiges Verfahren, welches die Arbeitsabläufe behindert. Zeitersparnis bei der Datenerfassung, -verwaltung und -auswertung bedeutet, dass betriebliche Abläufe optimiert und Kosten eingespart werden. Ein Warenwirtschaftssystem erfüllt diese Anforderungen.

Themenbereich 2

Die bp GmbH berät die Bergische Metall-GmbH in Sachen Warenwirtschaftssystem

M 6
Bestellung des Verlagshauses Bücher

VERLAGSHAUS BÜCHER OHG BUCH- UND OFFSETDRUCK BACHSTRASSE 102 59077 HAMM

VERLAGSHAUS   OHG BUCH- UND OFSETDRUCK BACHSTRASSE 102 59077 HAMM

Bergisches Papierkontor GmbH
Elberfelder Str. 85

42285 Wuppertal

Posteingang am 03.01.99

Ihre Zeichen, Ihre Nachricht vom	Unsere Zeichen/unsere Nachricht vom ho-bu	Telefon, Name (0 23 81) 5 56 41, Frau Holterhoff	Datum 99-01-28

Sehr geehrte Frau Voß,

hiermit bestellen wir aus Ihrem Angebot vom 99-01-26 den folgenden Artikel:

Pos.	Artikelnummer	Bezeichnung	Menge/Einheit
-1-	40121	Offsetdruck-Papier	6.000 Bogen

Da wir die Bestellung für die reibungslose Abwicklung unserer Kundenaufträge dringend benötigen, bitten wir um eine schnellstmögliche Lieferung. Sie sicherten uns ja bereits am Telefon zu, dass das Offsetdruck-Papier spätestens am 99-02-04 geliefert wird.
Da wir mit dieser Bestellung zum ersten Mal mit Ihnen arbeiten, hoffen wir, dass Sie uns in Punkto Zuverlässigkeit nicht enttäuschen werden.

Mit freundlichem Gruß

Harald Meise

Harald Meise
Einkauf

Geschäftsräume	Telefon	Telefax	Bankverbindung	Amtsgericht Hamm,
Verlagshaus Bücher OHG Bachstraße 102 59077 Hamm	02381/55614	02381/55600	Volksbank eG Hamm (BLZ 410 601 20) Kontonummer 123 45 6789	HRA 59077

Themenbereich 2

Die bp GmbH berät die Bergische Metall-GmbH in Sachen Warenwirtschaftssystem

M7

Daten aus den Angeboten dreier Lieferanten (Lieferung jeweils frei Haus)

Angebotsbedingungen		Sachsenpapier	Ozean Papier AG	Dresdner Papier-manufactur AG
Listenpreis (Euro/500 Bogen)		40	45	38
Mindestabnahmemenge		10 Pakete	keine Angaben	20 Pakete
Mengenrabatt	ab 50 Pakete	10 %	5 %	7 %
	ab 100 Pakete	15 %	10 %	12 %
Zahlungsbedingungen		10 Tage, 2 % Skonto 30 Tage netto	Zahlung netto Kasse	10 Tage, 3 % Skonto 30 Tage netto
Verbindlichkeit des Angebots		Angebot freibleibend	Preise freibleibend	Ohne Obligo
Beziehungen zum Lieferanten		Kundenerstkontakt	Langjährige Beziehungen	Bislang fünf Bestellungen
Zuverlässigkeit		Keine Erfahrungswerte	Sehr zuverlässig	Zuverlässig
Kulanz		Keine Erfahrungswerte	Sehr kulant	Nicht kulant
Häufigkeit von Reklamationen		Keine Erfahrungswerte	Kaum Reklamationen	Zwei Rekamationen

M 8a

Auftragsbestätigung des Lieferanten

Absender:
_____
_____
_____
_____

An das
Bergische Papierkontor
Elberfelder Str.
Wuppertal

Ihr Zeichen, Ihre Nachricht vom	Unser Zeichen/unsere Nachricht vom	Datum
AV, 99-02-01	PK	99-02-02

Auftragsbestätigung Nr. 149283

Wir bestätigen Ihnen Ihre Bestellung Nr. 12578 vom 99-02-01 über den folgenden Artikel:

Pos.	Artikelnummer	Bezeichnung	Menge/Einheit
-1-	40121	Offsetdruck-Papier	32.000 Bogen

Lieferzeit: Die Lieferung wird am 99-02-04 zwischen 10.00 und 12.00 Uhr frei Haus erfolgen.
Zahlungsbedingungen: Der entsprechende Betrag wird innerhalb von 10 Tagen nach Erhalt der Rechnung unter Abzug von 2,5% Skonto fällig, sonst 30 Tage netto.

Themenbereich 2

Die bp GmbH berät die Bergische Metall-GmbH in Sachen Warenwirtschaftssystem

M 8b
Lieferschein des Lieferanten

Absender:
_____
_____
_____

Wir liefern Ihnen
○ per Post   ○ per Express
○ per Spediteur   ⊗ per LKW

Empfänger:
Bergisches Papierkontor
Elberfelder Str.
Wuppertal

Lieferschein Nr. 123456
Ihre Bestellung 99-02-01

Entscheidungsort, 99-02-03
Ihre Bestellnummer 914

Pos.	Artikelnummer	Bezeichnung	Menge/Einheit
-1-	40121	Offsetdruck-Papier	32.000 Bogen

verpackt am…	durch…	Kontrolle durch…	Tag es Versandes…
99-02-01	Willi Wusel	Heinz Krause	99-02-01

M 8c
Rechnung des Lieferanten

Absender:
_____
_____
_____

Empfänger:
Bergisches Papierkontor
Elberfelder Str.
Wuppertal

Rechnungsnummer 123456
Ihre Bestellung 99-02-01

Entscheidungsort, 99-02-02
Ihre Bestellnummer 914

Pos.	Artikelnummer	Bezeichnung	Menge/Einheit
-1-	40121	Offsetdruck-Papier	32.000 Bogen

Wir berechnen Ihnen für den oben aufgeführten Artikel einen Rechnungsbetrag von ▓▓▓▓▓▓▓ und bitten Sie, diesen Betrag unter Berücksichtigung der unten stehenden Zahlungsbedingungen auf das unten stehende Konto zu überweisen.

Lieferzeit: Die Lieferung wird am 99-02-04 zwischen 10.00 und 12.00 Uhr frei Haus erfolgen.
Zahlungsbedingungen: Der entsprechende Betrag wird innerhalb von 10 Tagen nach Rechnungsdatum unter Abzug von 2,5% Skonto fällig, sonst 30 Tage netto.

Bankverbindung:

Themenbereich 2

Die bp GmbH berät die Bergische Metall-GmbH in Sachen Warenwirtschaftssystem

M 8d
Warenannahmeschein mit Angaben von Mehmet Kozan

Warenannahmeschein des Bergischen Papierkontor:

Vom Lieferanten _____ wurde am 99-02-05 der folgende Artikel geliefert:

Pos.	Artikelnummer	Bezeichnung	Menge/Einheit
-1-	40121	Offsetdruck-Papier	29.000 Bogen

Bemerkung:
- 2 der angelieferten Kartons weisen äußerliche Schäden auf
- ein Karton wurde mit einer falschen Papiersorte geliefert.

In beiden Fällen erfolgte ein Vermerk auf dem Lieferschein; die Ware wurde angenommen.

M 9
Überweisungsträger zur Rechnungsbegleichung an den Lieferanten

Überweisungsauftrag/Zahlschein

Postbank Essen — 360 100 43
(Name und Sitz des beauftragten Kreditinstituts) (Bankleitzahl)

Benutzen Sie bitte diesen Vordruck für die Überweisung des Betrages von Ihrem Konto oder zur Bareinzahlung. Den Vordruck bitte nicht beschädigen, knicken, bestempeln oder beschmutzen.

Empfänger: Name, Vorname/Firma (max. 27 Stellen)

Konto-Nr. des Empfängers: 1 2 3 4 5 6 7 8   Muster   Bankleitzahl: 9 0 0 2 0 0 1 0

bei (Kreditinstitut): MUSTERHAUSEN

*Bis zur Einführung des Euro (= EUR) nur DM; danach DM oder EUR

DM od. EUR*: EUR   Betrag: 1 5 6 6 , 0 3

Kunden-Referenznummer - noch Verwendungszweck, ggf. Name und Anschrift des Auftraggebers - (nur für Empfänger)
B e s t e l l n r .   9 1 4   v o m   0 1 . 0 2 . 9 9

noch Verwendungszweck (insgesamt max. 2 Zeilen à 27 Stellen)
L i e f e r s c h e i n   1 2 3 4 5 6

Kontoinhaber/Einzahler: Name (max. 27 Stellen, keine Straßen- oder Postfachangaben)
B e r g i s c h e s   P a p i e r k o n t o r

Konto-Nr. des Kontoinhabers: 1 2 1 0 5 2 - 5 0 9   18

Datum: 12.2.99   Unterschrift: Voß

A 30

Themenbereich 2
Die bp GmbH berät die Bergische Metall-GmbH in Sachen Warenwirtschaftssystem

M 10
Elektronisches Geld

Definition Geld

Geld ist ein vielschichtiger Begriff und wird daher in der Wirtschaftswissenschaften von seinen Funktionen her definiert. Demnach ist Geld alles, was als Tauschmittel, Wertmesser, Recheneinheit, Wertaufbewahrungs- und Wertübertragungsmittel dient. Bisher war Geld immer eine physische Erscheinung, d. h., es war körperlicher Natur und sichtbar. Spätestens beim elektronischen Geld wird das Geld aber nicht physisch bewegt, ja es ist körperlich gar nicht vorhanden. Elektronisches Geld wird vielmehr durch Computer und Modem in Form von Bits von einem Sender an einen Empfänger übertragen. Eine bestimmte Bitfolge, die als Datei auf dem Computer abgelegt werden kann, entspricht hierbei einem bestimmten Geldwert.

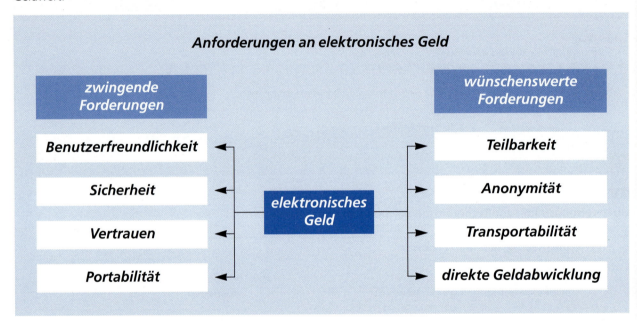

Elektronisches Geld: In den letzten Jahren wird zunehmend am Einsatz einer neuen Art des Geldes, dem „elektronischen Geld" gearbeitet. Diese Entwicklung ist unter anderem ein konsequentes Ergebnis der stürmischen Entwicklung elektronischer Märkte wie dem Internet. Hier werden für die nächsten Jahre riesige Zuwächse an Kunden erwartet. Schon heute kann der Internetbesucher beim Surfen durch das weltweite Datennetz Informationen jeglicher Art abrufen. Er kann das aktuelle Fernsehprogramm ebenso abfragen, wie eine Stellenanzeige aufgeben, Informationen über die Erdbeben der letzten Tage, Börsenkurse abfragen, Flugreisen buchen oder in einem virtuellen Spaziergang die Museen der Welt besuchen. Zunehmend ist jedoch auch zu erkennen, dass die großen Kaufhäuser im Internet eine neue Chance des Warenverkaufs sehen. Das Anbieten von Waren ist hierbei bereits Realität, die Frage der Bezahlung der bestellten Waren auf elektronischem Wege steckt jedoch aus verschiedenen Gründen noch in den Kinderschuhen. Dabei liegen die Vorteile dieser Geldart gegenüber dem nach wie vor weit verbreiteten Bargeld auf der Hand:
- Die Nutzung von Bargeld ist für den Kunden oftmals umständlich, da für die ausreichende Versorgung mit dieser Geldart verschiedene Bankgänge notwendig sind.
- Der Besitz von Bargeld birgt das permanente Risiko des Diebstahls oder des Verlustes in sich.
- Banken und Handel müssen beträchtliche Aufwendungen leisten, um die Bargeldbestände zu zählen, zu sortieren und zu lagern. Zudem müssen sie bemüht sein, ständig genügend Wechselgeld bereitzuhalten. Außerdem sind sie dem ständigen Risiko ausgesetzt, Falschgeld nicht zu erkennen.

Elektronisches Geld würde diese Nachteile des Bargeldes deutlich verringern. Will man im Internet eine bestimmte Ware kaufen, so gibt man nach dem Willen der Befürworter dieser Zahlungsart seine Bestellung auf und bezahlt mit einem entsprechenden Gegenwert, der in einer bestimmten Bitfolge an den Verkäufer gesendet wird. Ist die Bezahlung in Ordnung, ist das Geschäft abgewickelt und die Ware wird geliefert.

Themenbereich 2

Die bp GmbH berät die Bergische Metall-GmbH in Sachen Warenwirtschaftssystem

M11
Unterscheidung von Warenwirtschaftsystemen

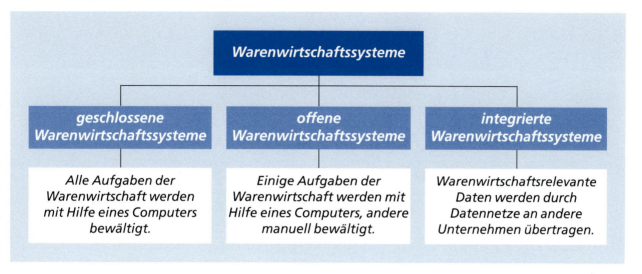

M12
HGB § 377 Untersuchungs- und Rügepflicht

(1) Ist der Kauf für beide Teile ein Handelsgeschäft, so hat der Käufer die Ware unverzüglich nach der Ablieferung durch den Verkäufer, soweit dies nach ordnungsmäßigem Geschäftsgange tunlich ist, zu untersuchen und, wenn sich ein Mangel zeigt, dem Verkäufer unverzüglich Anzeige zu machen.
(2) Unterlässt der Käufer die Anzeige, so gilt die Ware als genehmigt, es sei denn, dass es sich um einen Mangel handelt, der bei der Untersuchung nicht erkennbar war.
(3) Zeigt sich später ein solcher Mangel, so muss die Anzeige unverzüglich nach der Entdeckung gemacht werden; anderenfalls gilt die Ware auch in Ansehung dieses Mangels als genehmigt.
(4) Zur Erhaltung der Rechte des Käufers genügt die rechtzeitige Absendung der Anzeige.
(5) Hat der Verkäufer den Mangel arglistig verschwiegen, so kann er sich auf diese Vorschriften nicht berufen.

Aufgaben und Arbeitsmaterialien zum Themenbereich 3:
Güterlagerung und Gütertransport

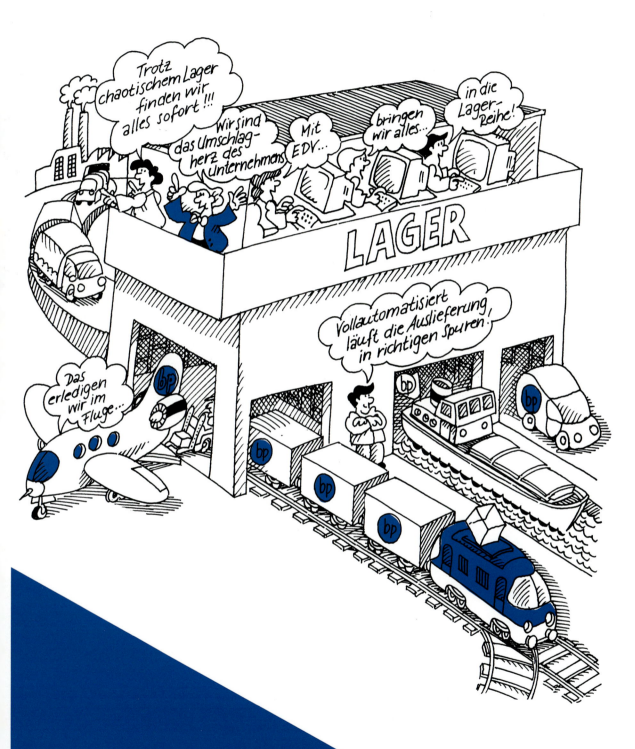

*Das
Bergische Papierkontor
optimiert seine Abläufe
im Lager- und Transportbereich*

Themenbereich 3

Das Bergische Papierkontor optimiert seine Abläufe im Lager- und Transportbereich

Ausgangssituation:

Die Einlagerung der verschiedenen Papiersorten erfolgt beim Bergischen Papierkontor in einem eigenen geschlossenen Lager, das in ein Wareneingangslager, ein Hauptlager und ein Ausgangslager unterteilt ist. Da das Unternehmen immer weiter expandiert, sieht sich die Geschäftsleitung trotz der geplanten Standortverlagerung (vgl. Themenbereich 1) gezwungen, über die Errichtung eines weitern Eigenlagers vor allem für die verschiedenen Papiersorten nachzudenken. Bei der möglichen Errichtung eines Eigenlagers sollen Sicherheits- und Umweltaspekte ebenso berücksichtigt werden wie die Frage, ob das bisherige Regallager auf eine chaotische Lagerhaltung umgestellt werden soll. Vor der endgültigen Entscheidung sollen vom Abteilungsleiter Günther Wolf aber noch einige Fragen zur Lagerorganisation geklärt werden.

Günther Wolf
Abteilungsleiter Lager/Versand

Aktennotiz — bp

Von: Geschäftsführer
Zeichen: Sc
An: Abteilungsleiter Lager/Versand (Günther Wolf)

Klären Sie bezogen auf die geplante Errichtung eines Eigenlagers die folgenden Punkte:

A. Welche Kriterien müssen wir bei der warengerechten Lagerung unseres Sortiments beachten? Machen Sie hierzu eine Aufstellung.

B. Hat die chaotische Lagerhaltung gegenüber dem herkömmlichen Verfahren der Lagerhaltung irgendwelche Vorteile? Stellen Sie in einer Tabelle die Vor- und Nachteile der chaotischen Lagerhaltung dar.

C. Wie können wir Aspekte der Sicherheit im Bereich der Lagerhaltung besser in die Arbeitsabläufe einbinden? Erstellen Sie für die Warenanlieferung und für die Warenlagerung eine Übersicht darüber, welche Sicherheitsrisiken vorhanden sind. Machen Sie Vorschläge, wie wir diese Gefahren verringern können.

D. Wie können wir den Umweltschutz bei der Lagerhaltung berücksichtigen? Arbeiten Sie mir drei Vorschläge hierzu aus.

Auf den Seiten 119 – 121 sowie 129 – 136 finden Sie in der HBl 1 wertvolle Hinweise.

Themenbereich 3

Das Bergische Papierkontor optimiert seine Abläufe im Lager- und Transportbereich

Folgesituation 1

Dr. Schönhauser erklärt auf einer Betriebsversammlung des Bergischen Papierkontors, dass die Lage des Unternehmens als relativ gut bezeichnet werden kann. Dennoch bereitet ihm die Kostenentwicklung im Unternehmen große Sorgen. Neben den Personalkosten hat er hierbei vor allem den Bereich der Lagerhaltung im Blick. Der Verband mittelständischer Papiergroßhändler hat in seiner jüngsten Verbandsstatistik verschiedene Werte unter anderem zur Lagerdauer, der Lagerumschlagshäufigkeit und dem durchschnittlichen Lagerbestand veröffentlicht. Dr. Schönhauser will wissen, ob das Bergische Papierkontor in Bezug auf diese Größen besser, gleich gut oder schlechter abschneidet als die Branche. Er beschließt daher, aus den vorliegenden Werten für das Jahr 1998 die entsprechenden Zahlen für das Bergische Papierkontor zu berechnen. Führen Sie für Dr. Schönhauser die folgenden Arbeitsaufträge durch:

Diese Angelegenheit ist Chefsache, also agieren Sie als:

Dr. Schönhauser

Arbeitsaufträge

1.1. Beim Thema Lagerhaltung wird immer wieder von einem Konflikt zwischen der Lieferbereitschaft und den Lagerkosten gesprochen. Erläutern Sie diesen Konflikt bezogen auf das Bergische Papierkontor.

1.2. Welche Lagerkennziffern lassen sich allgemein unterscheiden? Nennen Sie die entsprechenden Berechnungsformeln und versuchen Sie in eigenen Worten zu erläutern, was mit der entsprechenden Formel berechnet wird.

1.3. Berechnen Sie exemplarisch für den Artikel 20111 Kopierpapier aus den vorliegenden Werten (M 2) die durchschnittliche Lagerdauer, die Lagerumschlagshäufigkeit sowie den durchschnittlichen Lagerbestand und erläutern Sie Ihre Arbeitsergebnisse.
Hinweis zu den Aufgaben 1.1 – 1.3: die „Wirtschaftlichkeit der Lagerhaltung" wird in Kapitel 3 (Themenbereich 3) der HBL 1 behandelt.

1.4. Vergleichen Sie die Werte des Bergischen Papierkontors mit den entsprechenden Werten der Branche. Wo liegen Unterschiede und womit hat dies zu tun? Suchen Sie nach einer Begründung.

1.5. Welche Maßnahmen kann das Bergische Papierkontor auf der Absatz- und Beschaffungsseite ergreifen, um mögliche Schwachstellen bei der Lagerhaltung zu verringern?

1.6. Dr. Schönhauser macht sich unter anderem auch Überlegungen darüber, ob die Anmietung eines Fremdlagers für das Unternehmen von Vorteil ist. Welche Vorteile haben die Eigen- und die Fremdlagerung? Nennen Sie jeweils vier.
Eigen- oder Fremdlager: Mit dieser Thematik befasst sich die HBL 1 ab Seite 148.

Themenbereich 3

Das Bergische Papierkontor optimiert seine Abläufe im Lager- und Transportbereich

Folgesituation 2

Die Warenauslieferung an die Kunden des Bergischen Papierkontors erfolgte bislang vornehmlich mit einem eigenen Fuhrpark. Günther Wolf beobachtete jedoch in den letzten Monaten, dass das Angebot an Dienstleistungsunternehmen, die den schnellen und kostengünstigen Transport von Waren anbieten, stark zugenommen hat. Herr Wolf will daher eine intensive Untersuchung über die Möglichkeiten einer Fremdvergabe in Bezug auf die Warenauslieferung prüfen. Er macht sich daher folgende Überlegungen:

Versetzen Sie sich in die Person von:

Günther Wolf
Abteilungsleiter Lager und Versand

Arbeitsaufträge

2.1. Welche Verkehrsträger stehen Unternehmen in Deutschland heute mit welchen Vor- und Nachteilen grundsätzlich zur Verfügung? (Material M 5)

2.2. Gibt es Verkehrsträger, die für das Bergische Papierkontor besonders interessant sind? Zu überprüfen ist hierbei bezogen auf das Bergische Papierkontor sowohl die Art der zu befördernden Ware als auch die räumliche Verteilung der Kunden.

2.3. Wer haftet für die Beschädigung der Ware bei einem selbst verschuldeten Unfall sowie bei höherer Gewalt, wenn die Lieferung an die Kunden des Bergischen Papierkontors im „Eigen-" bzw. „Fremdverkehr" ausgeführt wird? Beschreiben Sie den Haftungsumfang des Frachtführers beim gewerblichen Güterkraftverkehr (Fremdverkehr).
Beachten Sie die neuen gesetzlichen Regelungen zum Werkverkehr und zum gewerblichen Güterkraftverkehr, dargestellt in der HBL 1 ab Seite 151. Auch das HGB (§§425 und 433) hilft Ihnen bei der Bewältigung dieser Aufgabe (M 14).

2.4. Der Abteilung liegen im Anhang zwei Angebote von Transportunternehmen vor. Prüfen Sie diese Angebote und entscheiden Sie, welche davon die Ihrer Meinung nach beste Alternative darstellt.

2.5. Sollte das Bergische Papierkontor vom „Eigenverkehr" auf den „Fremdverkehr" umstellen? Entscheiden Sie diese Frage ausschließlich auf der Grundlage der folgenden Kosten: Ein Eigentransport verursacht monatliche Fixkosten von 55.000 Euro und umsatzabhängige Kosten von 2,5% pro Jahr. Der Fremdtransport bringt umsatzabhängige Kosten von 9% je Jahr mit sich.
a) Berechnen Sie den Punkt, an denen ein „Eigen-" und ein „Fremdtransport" gleich teuer ist.
b) Stellen Sie die Kosten-/Umsatzzusammenhänge für beide Transportarten grafisch dar (M 6).
c) Sind die Kosten alleine ausschlaggebend für eine solche Enscheidung?

Themenbereich 3

Das Bergische Papierkontor optimiert seine Abläufe im Lager- und Transportbereich

Folgesituation 3

Die Geschäftsleitung plant eine Optimierung der Kundenbelieferung. Diese soll nach dem Willen des Geschäftsführers bereits im Bereich der Beschaffung und Lagerhaltung beginnen. In der Abteilung Lager/Versand soll daher ein Projekt zu diesem Thema durchgeführt werden. Bei der Vorbesprechung zu diesem Projekt hat Herr Wolf folgende Aufgaben auf eine Overhead-Folie geschrieben:

Agieren Sie erneut als Günther Wolf

Arbeitsaufträge

3.1. Wir haben die Aufgabe zu prüfen, in welchen Bereichen unsere Abteilung einen Beitrag zur Verbesserung der Kundenbelieferung leisten kann. Hierzu müssen wir die <u>Verbesserungsmöglichkeiten</u> in den folgenden Bereichen prüfen:

- Fremd- und Eigenverkehr
- Just-in-time-Verfahren
- Einsatz moderner Bürokommunikation
- DV-gestützte Auftragsbearbeitung und Lagerorganisation

3.2. Bei unseren Planungen soll der Umweltschutz einen hohen Stellenwert haben.

Übernehmen Sie diese Aufgaben und erläutern Sie anschließend ausführlich Ihre Arbeitsergebnisse.

Ausführungen zum Werkverkehr und gewerblichen Güterkraftverkehr (Bezeichnung in der bp: Eigen- und Fremdverkehr), zu Just-in-time, zum Einsatz moderner Kommunikationstechniken sowie zur DV gestützten Auftragsbearbeitung und Lagerorganisation finden Sie in den Themenbereichen 2 und 3 der Handelsbetriebslehre (Grundwissen).

Themenbereich 3

Das Bergische Papierkontor optimiert seine Abläufe im Lager- und Transportbereich

Zusatzinformationen zur Bearbeitung der Aufgaben:

M1

Die Einführung einer chaotischen Lagerhaltung kann folgende...	
...Vorteile mit sich bringen	...Nachteile mit sich bringen
•	•
•	•
•	•
•	•

M2

Lagerein- und -ausgänge für den Artikel 20111 beim Bergischen Papierkontor 1998 (Angaben in Blatt)

Monat	Zugänge	Abgänge	Lagerbestand
			250.000
Januar	50.000	140.000	
Februar	800.000		800.000
März	250.000	50.000	
April		100.000	950.000
Mai	250.000	475.000	725.000
Juni	600.000	125.000	
Juli	20.000	470.000	
August	400.000		550.000
September	200.000	100.000	
Oktober	500.000	200.000	
November		100.000	1.150.000
Dezember	0	750.000	
Summen			

M3

Absatz- und beschaffungspolitische Maßnahmen zur Beeinflussung von Lagerkennzahlen

Absatzpolitische Maßnahmen	Beschaffungspolitische Maßnahmen
•	•
•	•
•	•
•	•
•	•
•	•

Arbeitsblatt

Themenbereich 3

Das Bergische Papierkontor optimiert seine Abläufe im Lager- und Transportbereich

M 4
Vorteile der Eigen- und Fremdlagerung

Vorteile der Eigenlagerung	Vorteile der Fremdlagerung
•	•
•	•
•	•
•	•

M 5
Vor- und Nachteile ausgewählter Verkehrsträger

Verkehrsträger:	Verkehrsträger:	Verkehrsträger:
Vorteile der einzelnen Verkehrsträger		
•	•	•
Nachteile der einzelnen Verkehrsträger		
•	•	•

M 6
Kosten für Eigen- und Fremdtransport

(Koordinatensystem: y-Achse: Kosten, x-Achse: Umsatz)

Arbeitsblatt

A 39

Themenbereich 3

Das Bergische Papierkontor optimiert seine Abläufe im Lager- und Transportbereich

M7

Grundinformationen: Chaotische und systematische Lagerhaltung

In den Lagerhallen von Spediteuren, Großhandel und Industriebetrieben ist immer häufiger von einer „chaotischen Lagerhaltung" die Rede. Während früher die „systematische Lagerhaltung" vorherrschte, hat sich somit die Lagerorganisation in Bezug auf den Lagerplatz merklich geändert. Was versteht man aber unter einem „systematischen" bzw. unter einem „chaotischen" Lager?

Von einem systematischen Lager spricht man, wenn die Lagerware streng nach Artikeln und Artikelgruppen geordnet wird. Bei dieser Lagerorganisation bleibt in der Regel unberücksichtigt, wie häufig ein Artikel umgeschlagen wird, wie schwer dieser Artikel ist und welches Volumen er aufweist.

Dies ist bei der chaotischen Lagerhaltung anders. Hier werden die einzulagernden Artikel unter Berücksichtigung der Umschlaghäufigkeit, des Volumens und des Gewichtes dort eingelagert, wo gerade der entsprechende Platz ist. Ein Computer merkt sich die entsprechende Einlagerungsstelle und führt die Maschinen bei einer Nachfrage an den entsprechenden Ort.

Chaotische Lagerhaltung　　　　　Systematische Lagerhaltung

M8

Warenpflege und Warenmanipulation

Warenpflege: Der Wert der in den Lagerhallen und Regalen des Groß- und Einzelhandels gelagerten Güter kann nur dann erhalten bzw. erreicht werden, wenn diese gepflegt werden. Die Warenpflege beginnt bereits mit der entsprechenden Kühlung, dem Sauberhalten der Lagerbehältnisse und endet z. B. bei der geeigneten Belüftung oder der Lageänderung z. B. beim Champagner. Die Warenpflege ist hierbei von Ware zu Ware unterschiedlich aufwändig.

Warenmanipulation: Neben der Pflege der Ware gehen andere Prozesse, die auch als Warenmanipulation bezeichnet werden und die die Ware veredeln, meist Hand in Hand. Hierzu gehören unter anderem die Veredelung von Hölzern durch die geeignete Trocknung, die Förderung des Reifeprozesses bei Obst oder die Sortierung landwirtschaftlicher Produkte in bestimmte Qualitätsgruppen.

Themenbereich 3

Das Bergische Papierkontor optimiert seine Abläufe im Lager- und Transportbereich

M 9
Brandschutz, Gesundheitsschutz und Schutz gegen Diebstahl

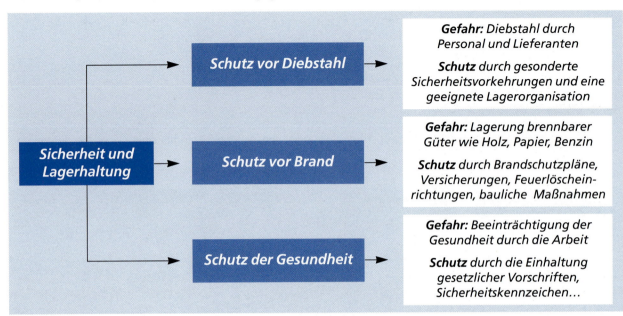

M 10
Grundinformation: Verpackungsverordnung, Abfallgesetz, Duales System

Die Verpackungsverordnung
Die Verpackungsverordnung vom 12.06.1991 bildet die Grundlage für die Arbeit der Dualen Systeme Deutschland GmbH (DS). Sie hat als privatwirtschaftlich geführtes Unternehmen die Aufgabe, den anfallenden Müll bei Klein- und Großverbrauchern sowie bei Handel und Industrie zu sammeln, zu sortieren und der entsprechenden Verwertung zuzuführen. Allgemein werden diese Ziele durch zwei verschiedene Sammelsysteme, die die kommunalen Gegebenheiten berücksichtigen, gewährleistet. Beim Holsystem wird der gesammelte und sortierte Müll direkt bei den Haushalten/Unternehmen abgeholt. Beim Bringsystem dagegen wird der anfallende Müll von den Haushalten zu Wertstoffcontainern und/oder Wertstoffhöfen gebracht. Die Entsorgungsunternehmen vermarkten die sortierten Wertstoffe und melden die entsprechenden Zahlen weiter. Die Finanzierung der Entsorgungsleistungen durch die DS wird durch Lizenzentgelte gewährleistet. Hierbei zahlen Hersteller und Handel entsprechend der tatsächlichen Entsorgungskosten Entgelte und dürfen hiermit den Grünen Punkt auf ihren Produkten anbringen. Die DS hat auf Grund der gesetzlichen Auflagen der Verpackungsverordnung die Verpflichtung, jährlich eine bestimmte Sammel- und Sortierquote für gebrauchte Verkaufsverpackungen nachzuweisen. Dies erfolgt durch den so genannten Mengenstromnachweis.

Auszug aus der Verpackungsverordnung

Gesetzestext, VerpackV, §§ 1-5
Verordnung über die Vermeidung von Verpackungsabfällen
Abfallwirtschaftliche Ziele, Anwendungsbereich und Begriffsbestimmungen

§ 1. Abfallwirtschaftliche Ziele.
(1) Verpackungen sind aus umweltverträglichen und die stoffliche Verwertung nicht belastenden Materialien herzustellen.
(2) Abfälle aus Verpackungen sind dadurch zu vermeiden, dass Verpackungen
  1. nach Volumen und Gewicht auf das zum Schutz des Füllgutes und auf das zur Vermarktung unmittelbar notwendige Maß beschränkt werden.
  2. so beschaffen sein müssen, dass sie wieder befüllt werden können, soweit dies technisch möglich und zumutbar sowie verbeinbar mit den auf das Füllgut bezogenen Vorschriften ist.
  3. stofflich verwertet werden, soweit die Voraussetzungen für eine Wiederbefüllung nicht vorliegen.

§ 2. Anwendungsbereich.
(1) Den Vorschriften dieser Verordnung unterliegt, wer gewerbemäßig oder im Rahmen wirtschaftlicher Unternehmen oder öffentlicher Einrichtungen im Geltungsbereich des Abfallgesetzes
  1. Verpackungen oder Erzeugnisse herstellt, aus denen unmittelbar Verpackungen hergestellt werden (Hersteller), oder
  2. Verpackungen oder Erzeugnisse, aus denen unmittelbar Verpackungen hergestellt werden, oder Waren in Verpackungen, gleichgültig auf welcher Handelsstufe, in Verkehr bringt (Vertreiber).
(2) Vertreiber im Sinne dieser Verordnung ist auch der Versandhandel.

Themenbereich 3
Das Bergische Papierkontor optimiert seine Abläufe im Lager- und Transportbereich

(3) Die Vorschriften dieser Verordnung finden keine Anwendung auf Verpackungen
1. mit Resten oder Anhaftungen von Stoffen oder Zubereitungen, die
   – gesundheitsgefährdend entsprechend § 1 Nr. 6 bis 15 der Verordnung über die Gefährlichkeitsmerkmale von Stoffen und Zubereitungen nach dem Chemikaliengesetz oder
   – umweltgefährdend entsprechend § 3a Abs. 2 des Chemikaliengesetzes
   sind, wie Pflanzenschutz-, Desinfektions- oder Schädlingsbekämpfungsmittel, Lösemittel, Säuren, Laugen, Mineralöle oder Mineralölprodukte,
2. die auf Grund anderer Rechtsvorschriften besonders entsorgt werden müssen.

§ 3. Begriffsbestimmungen
(1) Verpackungen im Sinne dieser Verordnung sind
1. Transportverpackungen: Fässer, Kanister, Kisten, Säcke einschließlich Paletten, Kartonagen, geschäumte Schalen, Schrumpffolien und ähnliche Umhüllungen, die Bestandteile von Transportverpackungen sind und die dazu dienen, Waren auf dem Weg vom Hersteller bis zum Vertreiber vor Schäden zu bewahren, oder die aus Gründen der Sicherheit des Transports verwendet werden.
2. Verkaufsverpackungen: geschlossene oder offene Behältnisse und Umhüllungen von Waren wie Becher, Beutel, Blister, Dosen, Eimer, Fässer, Flaschen, Kanister, Kartonagen, Schachteln, Säcke, Schalen, Tragetaschen oder ähnliche Umhüllungen, die vom Endverbraucher zum Transport oder bis zum Verbrauch der Waren verwendet werden. Verkaufsverpackungen im Sinne der Verordnung sind auch Einweggeschirr und Einwegbestecke.
3. Umverpackungen: Blister, Folien, Kartonagen oder ähnliche Umhüllungen, die dazu bestimmt sind, als zusätzliche Verpackungen um Verkaufsverpackungen
   a) die Abgabe von Waren im Wege der Selbstbedienung zu ermöglichen oder
   b) die Möglichkeit des Diebstahls zu erschweren oder zu verhindern oder
   c) überwiegend der Werbung zu dienen.

(2) Getränkeverpackungen im Sinne dieser Verordnung sind geschlossene und überwiegend geschlossene Behältnisse wie Beutel, Dosen, Flaschen, Kartons, Schläuche aus Materialien jeder Art für flüssige Lebensmittel im Sinne des § 1 Abs. 1 des Lebensmittel- und Bedarfsgegenständegesetzes, die zum Verzehr als Getränke bestimmt sind, ausgenommen Joghurt und Kefir.
(3) Mehrwegverpackungen im Sinne dieser Verordnung sind Behältnisse, die nach Gebrauch einer mehrfachen erneuten Verwendung zum gleichen Zweck zugeführt werden.
(4) Als Einzugsgebiet des Herstellers oder Vertreibers ist das Gebiet des Landes anzusehen, in dem die Waren in den Verkehr gebracht werden.
(5) Endverbraucher im Sinne dieser Verordnung ist der Käufer, der die Waren in der an ihn gelieferten Form nicht mehr weiter veräußert.

Rücknahme und Verwertungspflichten
§ 4. Rücknahmepflichten für Transportverpackungen.
Hersteller und Vertreiber sind verpflichtet, Transportverpackungen nach Gebrauch zurückzunehmen und einer erneuten Verwendung oder einer stofflichen Verwertung außerhalb der öffentlichen Abfallentsorgung zuzuführen, es sei denn, der Endverbraucher verlangt die Übergabe der Waren in der Transportverpackung; in diesem Fall gelten die Vorschriften über die Rücknahme von Verkaufsverpackungen entsprechend. Verpackungen, die sowohl als Transportverpackung als auch als Verkaufsverpackung verwendet werden, sind als Verkaufsverpackung zu behandeln.

§ 5. Rücknahmepflichten für Umverpackungen.
(1) Vertreiber, die Waren in Umverpackungen anbieten, sind verpflichtet, bei der Abgabe der Waren an Endverbraucher die Umverpackungen zu entfernen oder dem Endverbraucher in der Verkaufsstelle oder auf dem zur Verkaufsstelle gehörenden Gelände Gelegenheit zum Entfernen und zur kostenlosen Rückgabe der Umverpackung zu geben, es sei denn, der Endverbraucher verlangt die Übergabe der Ware in der Umverpackung; in diesem Fall gelten die Vorschriften über die Rücknahme von Verkaufsverpackungen entsprechend.
(2) Soweit der Vertreiber die Umverpackung nicht selbst entfernt, muß er an der Kasse durch deutlich erkennbare und lesbare Schrifttafeln darauf hinweisen, dass der Endverbraucher in der Verkaufsstelle oder auf dem zur Verkaufsstelle gehörenden Gelände die Möglichkeit hat, die Umverpackungen von der erworbenen Ware zu entfernen und zurückzulassen.
(3) Der Vertreiber ist verpflichtet, in der Verkaufsstelle oder auf dem zur Verkaufsstelle gehörenden Gelände geeignete Sammelgefäße zur Aufnahme der Umverpackungen für den Endverbraucher gut sichtbar und gut zugänglich bereitzustellen. Dabei ist eine Getrennthaltung einzelner Wertstoffgruppen sicherzustellen, soweit dies ohne Kennzeichnung möglich ist. Der Vertreiber ist verpflichtet, Umverpackungen einer erneuten Verwendung oder einer stofflichen Verwertung außerhalb der öffentlichen Abfallentsorgung zuzuführen.

Themenbereich 3
Das Bergische Papierkontor optimiert seine Abläufe im Lager- und Transportbereich

M 11
Just-in-time-Verfahren
a) Tätigkeiten beim herkömmlichen Verfahren ohne Just-in-Time

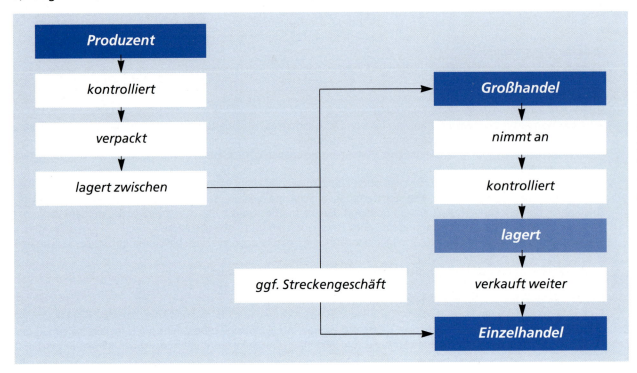

b) Tätigkeiten beim Verfahren mit Just-in-Time-Lieferung

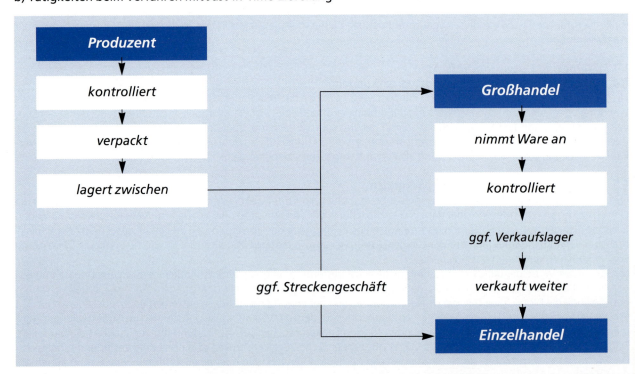

Themenbereich 3

Das Bergische Papierkontor optimiert seine Abläufe im Lager- und Transportbereich

M12
Leistungen einer DV-gestützten Auftragsbearbeitung

Datenbestände		Modulleistungen
Kundendaten		Kommissionierung
Anschriften		Erstellung von Rechnungen
Vertreterdaten	Modul „Auftragsbearbeitung"	Fakturierung
Bestellmengen		Druck von Gutschriften
Verpackungsart		Druck von Lieferscheinen
Versandart		Erstellen sonstiger Belege
Anmerkungen		Erstellung eines Wareneinsatzbericht
...		FIBU-Schnittstelle...

M13
Lagerkennzahlen aus dem Papiergroßhandel für Kopierpapier

Durchschnittlicher Lagerbestand	680.000 Blatt
Lagerumschlaghäufigkeit	5,5-mal pro Jahr
Durchschnittliche Lagerdauer	70 Tage

M14
HGB § 425 Haftung für Güter- und Verspätungsschäden. Schadensteilung.
(1) Der Frachtführer haftet für den Schaden, der durch Verlust oder Beschädigung des Gutes in der Zeit von der Übernahme zur Beförderung bis zur Ablieferung oder durch Überschreitung der Lieferfrist entsteht.
(2) Hat bei der Entstehung des Schadens ein Verhalten des Absenders oder des Empfängers oder ein besonderer Mangel des Gutes mitgewirkt, so hängen die Verpflichtungen zu Ersatz sowie der Umfang des zu leistenden Ersatzes davon ab, inwieweit diese Umstände zu dem Schaden beigetragen haben.

HGB § 433 Haftungshöchstbetrag bei sonstigen Vermögensschäden.
Haftet der Frachtführer wegen der Verletzung einer mit der Ausführung der Beförderung des Gutes zusammenhängenden vertraglichen Pflicht für Schäden, die nicht durch Verlust oder Beschädigung des Gutes oder durch Überschreitung der Lieferfrist entstehen, und handelt es sich um andere Schäden als Sach- oder Personenschäden, so ist auch in diesem Falle die Haftung begrenzt, und zwar auf das Dreifache des Betrages, der bei Verlust des Gutes zu zahlen wäre.

Themenbereich 3

Das Bergische Papierkontor optimiert seine Abläufe im Lager- und Transportbereich

M 15
Auszüge aus dem BGB (Stand: 2/99)

§ 446. (Gefahrübergang; Nutzungen; Lasten)
1) Mit der Übergabe der verkauften Sache geht die Gefahr des zufälligen Unterganges und einer zufälligen Verschlechterung auf den Käufer über. Von der Übergabe an gebühren dem Käufer die Nutzungen und trägt er die Lasten der Sache.
2) Wird der Käufer eines Grundstücks oder eines eingetragenen Schiffs oder Schiffsbauwerks vor der Übergabe als Eigentümer in das Grundbuch, das Schiffsregister oder das Schiffsbauregister eingetragen, so treten diese Wirkungen mit der Eintragung ein.

§ 447. (Gefahrübergang bei Versendungskauf)
1) Versendet der Verkäufer auf Verlangen des Käufers die verkaufte Sache nach einem anderen Orte als dem Erfüllungsorte, so geht die Gefahr auf den Käufer über, sobald der Verkäufer die Sache dem Spediteur, dem Frachtführer oder der sonst zur Ausführung der Versendung bestimmten Person oder Anstalt ausgeliefert hat.
2) Hat der Käufer eine besondere Anweisung über die Art der Versendung erteilt und weicht der Verkäufer ohne dringenden Grund von der Anweisung ab, so ist der Verkäufer dem Käufer für den daraus entstehenden Schaden verantwortlich.

§ 644. (Gefahrtragung)
1) Der Unternehmer trägt die Gefahr bis zur Abnahme des Werkes. Kommt der Besteller in Verzug der Annahme, so geht die Gefahr auf ihn über. Für den zufälligen Untergang und eine zufällige Verschlechterung des von dem Besteller gelieferten Stoffes ist der Unternehmer nicht verantwortlich.
2) Versendet der Unternehmer das Werk auf Verlangen des Bestellers nach einem anderen Orte als dem Erfüllungsorte, so finden die für den Kauf geltenden Vorschriften des § 447 entsprechende Anwendung.

M 16
Auszug aus dem Transportangebot der Transportunternehmung „Schnell und Gut GmbH"

Ausgewählte Gegenstände des Angebotes

Fuhrpark: Für den Transport Ihrer Güter bieten wir Ihnen eine Flotte von LKW, Schiffen und Flugzeugen

Umwelt: Wesentliches Ziel unserer unternehmerischen Tätigkeit ist es, Transporte umweltgerecht durchzuführen. Wir legen daher besonderen Wert auf einen technisch modernen Fuhrpark, eine permanente Kontrolle der Emissionen unserer Fahrzeuge sowie die Zertifizierung unseres Unternehmens mit dem Öko-Audit.

Warenarten: Wir sind bei dem Transport Ihrer Waren flexibel und befördern fast jedes Format und jede Menge.

Liefer- und Zahlungsbedingungen: Unsere Verträge basieren sämtlich auf einer Lieferung ab Werk. Wir garantieren Ihnen bei Auftragserteilung den Transport Ihrer Waren an jedes Ziel in Deutschland innerhalb von 24 Stunden und in die Länder der Europäischen Union innerhalb von 48 Stunden. Unsere Angebotspreise sind auf Grund der genannten Vorteile zwar teilweise höher als die der Konkurrenz, unsere Leistungen rechtfertigen jedoch diese Preisstellung. Alle Preise verstehen sich zudem rein netto.

M 17
Auszug aus dem Transportangebot der Transportunternehmung „Roll und Fuhr KG"

Ausgewählte Gegenstände des Angebotes

Fuhrpark: Für den Transport Ihrer Güter steht Ihnen eine Flotte von 100 LKWs zur Verfügung

Warenarten: Wir befördern für Sie alle Güter, die per LKW transportiert werden können, zu jeder Tages- und Nachtzeit an alle Zielorte in Deutschland, Italien und England.

Liefer- und Zahlungsbedingungen: Unsere Verträge beinhalten grundsätzlich eine Lieferung ab Werk, je nach Vertragssumme und Zusammenarbeit sind jedoch alle Regelungen der Beförderungskosten bis hin zur Lieferung frei Haus denkbar. Innerhalb von Deutschland liefern wir an jeden Zielort in höchstens 12 Stunden, in die genannten anderen europäischen Staaten in höchstens 24 Stunden. Unsere Angebotspreise sind Bruttopreise und sind verhandelbar. Wir sind stolz darauf, zu den günstigsten und pünktlichsten Transportunternehmen Deutschlands zu zählen.

Aufgaben und Arbeitsmaterialien zum Themenbereich 4:
Absatzmarketing

Das Bergische Papierkontor nimmt Veränderungen im Bereich der Absatzwirtschaft vor

Themenbereich 4

Das Bergische Papierkontor nimmt Veränderungen im Bereich der Absatzwirtschaft vor

Ausgangssituation:

Herrn Michael Schneider, Leiter Verkauf, liegen die folgenden Absatzstatistiken (im Anhang) vor:

Absatzstatistik bis 1998 für den Artikel 30531 (BP) BRD
Absatzstatistik bis 1998 für Computer-Papier (Branche) BRD
Absatzstatistik 1997/1998/2005 (Prognose) für „Bilderdruck Öko-2000" BRD

Erledigen Sie die Arbeitsaufträge als:

Michael Schneider
Leiter der Verkaufsabteilung

Arbeitsaufträge

A. Überprüfen Sie, ob sich Umsatz und Absatz des Artikels 30531 in den letzten Jahren zufrieden stellend entwickelt haben. Werten Sie hierzu die vorliegenden Materialien bezogen auf das Bergische Papierkontor und die Branche insgesamt aus.

B. Beurteilen Sie aus Sicht Ihrer Ergebnisse aus Aufgabe A den Vorschlag der Geschäftsleitung, das Papier „Bilderdruck Öko-2000" in das bestehende Sortiment aufzunehmen. Überprüfen Sie hierbei auch, ob die Sortimentserweiterung aus Sicht der vorliegenden Daten zur Bedarfs-, Konkurrenz- und Absatzforschung zu befürworten ist.

C. Vervollständigen Sie bezogen auf das Papier „Bilderdruck 2000" die im Anhang aufgeführten Checklisten, indem Sie die Ihrer Meinung nach wichtigen Fragen zu den Themen eintragen.

D. Bereiten Sie auf der Grundlage Ihrer Arbeitsergebnisse eine begründete Entscheidungsvorlage für die Geschäftsleitung vor.

Themenbereich 4

Das Bergische Papierkontor nimmt Veränderungen im Bereich der Absatzwirtschaft vor

Folgesituation 1

Die Entscheidung zur Sortimentsveränderung ist gefallen. Die Geschäftsleitung hat sich dazu entschlossen, das Papier „Bilderdruck Öko-2000" mit in das Sortiment des Bergischen Papierkontors aufzunehmen. Mit den Vorarbeiten zur Umsetzung dieser Entscheidung werden Sie in der Person von Dimitra Georgidou betraut. Bearbeiten Sie die folgenden Arbeitsaufträge.

Sie arbeiten heute als:

Dimitra Georgidou
Sachbearbeiterin im Verkauf

Arbeitsaufträge

1.1. Welche konkreten Arbeitsschritte wird die Entscheidung zur Sortimentserweiterung wahrscheinlich nach sich ziehen? Zeigen Sie dies anhand von jeweils zwei Beispielen aus den Bereichen Einkauf, Verkauf und Lagerhaltung.

1.2. Die Abteilungsleitung Verkauf hat sich vorgenommen, das neue Papier „Bilderdruck Öko-2000" mit Hilfe geeigneter Maßnahmen aus dem Bereich der Kommunikationspolitik in den Markt einzuführen.

a) Was versteht man hierbei eigentlich unter Kommunikationspolitik? Definieren Sie diesen Begriff.

b) Planen Sie mit Hilfe der vorliegenden Materialien (M 7) eine Werbekampagne für die Sortimentsneuheit „Bilderdruck Öko-2000". Die Vorgaben der Geschäftsleitung liegen Ihnen auf einem Zettel vor:
- Werbeetat 100.000 DM
- Streugruppe: Druckereien
- Streugebiet: Nordrhein-Westfalen
- Werbezeit: 01.03. – 01.06.1999

c) Product-Placement, Public Relations, Sales Promotion und Direktwerbung sind Arten der Kommunikationspolitik. Erläutern Sie diese Begriffe und stellen Sie Überlegungen darüber an, ob diese Bereiche der Kommunikationspolitik bei der geplanten Sortimentserweiterung bedeutsam werden könnten.

Ab Seite 213 wird die Kommunikationspolitik in der HBL 1 behandelt.

Themenbereich 4

Das Bergische Papierkontor nimmt Veränderungen im Bereich der Absatzwirtschaft vor

Folgesituation 2

Ihre Werbekampagne hatte großen Erfolg. Bereits einige Tage nachdem Sie die erste Werbemaßnahme geschaltet haben, gehen in der Verkaufsabteilung des Bergischen Papierkontors verschiedene Anfragen ein. Da aber nur auf wenige Anfragen tatsächlich Bestellungen erfolgen, denkt Herr Schneider über mögliche Ursachen dieses merkwürdigen Verhaltens nach. Eine mögliche Ursache könnte in der Ausgestaltung der Preis- und Konditionenpolitik des Bergischen Papierkontors liegen. Dies wird auch durch die Berichte einiger Kunden bestätigt, die in diesem Bereich ihren Unmut geäußert haben. Bearbeiten Sie in diesem Fall als Jacques Theunissen die folgenden Arbeitsaufträge:

Versetzen Sie sich in die Person des:

Jacques Theunissen
Sachbearbeiter

Arbeitsaufträge

2.1. Welche Möglichkeiten der Absatzbeeinflussung durch Preise und Konditionen kann man überhaupt unterscheiden?

2.2. In welchen Bereichen ist die Konditionenpolitik des Bergischen Papierkontors im Vergleich zu den Konditionen der Konkurrenten „A" und „B" aus Kundensicht möglicherweise verbesserungswürdig?

2.3. Der Personalabteilung liegen verschiedene Angebote von Handelsvertretern aus ganz Deutschland vor. Dr. Schönhauser plant die Ausdehnung des Verkaufs auf ganz Deutschland und fordert Sie daher auf, zu überprüfen, ob der Einsatz eines Reisenden oder eines Handelsvertreters für das Bergische Papierkontor sinnvoll ist. Auf einem Zettel haben Sie hierzu die folgenden Fragen notiert:

a) Welche Aspekte müssen beim Einsatz von Reisenden und Handelsvertretern grundsätzlich beachtet werden?
b) Ist für das Bergische Papierkontor der Einsatz eines Reisenden oder eines Handelsvertreters zu empfehlen?
c) Bei welchem jährlichen Umsatz sind die Kosten für beide Absatzmittler gleich hoch?

Tragen Sie der Geschäftsleitung in einer begründeten Stellungnahme vor, welchen Absatzmittler Sie auf Grund Ihrer Überlegungen aus a) bis c) für den Absatz einsetzen würden.

Verwenden Sie zur Bearbeitung der Aufgaben neben den im Anhang vorliegenden Informationen auch die Ausführungen zur Konditionenpolitik sowie zur Distributionspolitik in Ihrem Lehrbuch.

Themenbereich 4

Das Bergische Papierkontor nimmt Veränderungen im Bereich der Absatzwirtschaft vor

Folgesituation 3

Dr. Schönhauser will die Änderungen im Bereich des Warensortiments zum Anlass nehmen, die ökologische Komponente mehr in den Mittelpunkt der Verkaufsabteilung zu rücken. Da der Umweltschutz in der Bevölkerung einen hohen Stellenwert genießt und die Einzelhändler ihre Bestellungen beim Großhandel zunehmend vom Nachweis eines ökologischen Marketings abhängig machen, soll verstärkt darüber nachgedacht werden, wie der Marketing-Mix des Unternehmens ökologisch ausgerichtet werden kann. Dr. Schönhauser hat diese Angelegenheit zur „Chefsache" erklärt. Versetzen Sie sich in dieser Angelegenheit in seine Situation und bearbeiten Sie die folgenden Arbeitsaufträge:

Bereiten Sie den Vortrag vor als:

Dr. Schönhauser

Arbeitsaufträge

3.1. Was versteht man eigentlich unter einem ökologisch orientierten Marketing-Mix? Erläutern Sie diesen Begriff.

3.2. Entwickeln Sie das Konzept eines ökologischen Marketings für das Bergische Papierkontor und berücksichtigen Sie hierbei möglichst konkret, welche ökologischen Gesichtspunkte in den Bereichen Einkauf, Verkauf, Produktion, Logistik und Finanzierung berücksichtigt werden sollten.

Stellen Sie Ihr Arbeitsergebnis in einem Vortrag dar. Beachten Sie hierbei, dass Sie Ihre Ausführungen, wo dies möglich ist, mit Anschauungsmaterialien unterstützen und dass Sie Ihren Vortrag strukturiert vortragen.

Themenbereich 4

Das Bergische Papierkontor nimmt Veränderungen im Bereich der Absatzwirtschaft vor

Materialien zum Themenbereich 4

M1

Vorlage: Checkliste

Checkliste: Das Angebot	Checkliste: Der Preis
Welchen Nutzen hat der Kunde vom Produkt? …	Wie hoch ist der Deckungsbeitrag? …

Checkliste: Die Kunden, die Konkurrenz	Checkliste: Die Kommunikationspolitik
Wer sind die Kunden für das Produkt? …	Wie erhalte ich Kundenadressen? …

Arbeitsblatt

Themenbereich 4

Das Bergische Papierkontor nimmt Veränderungen im Bereich der Absatzwirtschaft vor

M2

Absatzstatistiken ausgewählter Papiersorten *(Angaben in Blatt)*

	Artikelnummer 30531 (bp)	Branchenwerte „Computer-Papier"	Bilderdruck „Öko-2000" (Branchenwerte)
1992	9956400	124.500.000.000	
1993	9403200	123.759.000.000	
1994	11465800	158.550.000.000	Prognose ab 1999
1995	10308480	158.900.000.000	
1996	10100580	162.565.000.000	
1997	9500750	163.550.750.000	125.500
1998	9304500	165.350.750.000	375.000
1999			475.000
2000			525.000
2001			650.000
2002			785.000
2003			1.100.150
2004			1.350.000
2005			1.650.000

M3

Messeneuheit: „Bilderdruck Öko-2000"

Sensationelle Messeneuheit

Nun ist sie da, die Neuheit auf dem Papiermarkt, auf die Sie so lange gewartet haben.

„Bilderdruck Öko-2000"

Das Papier, das die Umwelt schont.
Das Papier, das höchste Qualitätsansprüche erfüllt.
Das Papier, das preislich in der ersten Liga spielt.

Heute noch bestellen, morgen schon geliefert.

Themenbereich 4

Das Bergische Papierkontor nimmt Veränderungen im Bereich der Absatzwirtschaft vor

M 4
„Bilderdruck Öko-2000" in seinem Produktlebenszyklus

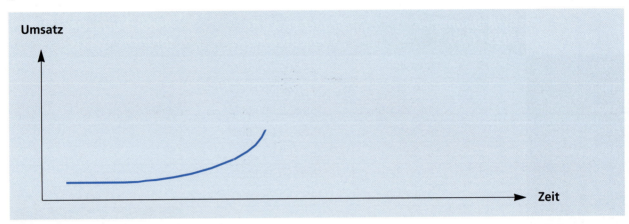

M 5
Ergebnisse der Bedarfs-, Konkurrenz- und Absatzforschung

Bedarfsforschung	Konkurrenzforschung	Absatzforschung
Eine repräsentative Umfrage eines Marktforschungsinstitutes für das Bergische Papierkontor hat zu folgenden Ergebnissen geführt: • Für das Papier „Bilderdruck-Öko 2000" ist eine große Zahl an Interessenten im Einzelhandel, aber auch bei den Endverbrauchern vorhanden. • Die Kaufkraft der Endverbraucher wird sich auf Grund der niedrigen Inflation in den nächsten Jahren leicht verbessern. • Das Bergische Papierkontor hat seinen Marktanteil im Bereich Bilderdruck-Papier in den letzten Jahren gegen die Konkurrenz deutlich ausbauen können.	„Bilderdruck-Öko 2000" ist als Marktneuheit aus den USA erst kurze Zeit im Handel erhältlich. Den guten Kontakten Dr. Schönhausers zu seinem Freund in den USA ist es zu verdanken, dass das Bergische Papierkontor in Deutschland als eines der wenigen Großhandelsunternehmen mit dem Vertrieb beginnen kann. Insofern ist die Zahl der Konkurrenten sehr gering. Dr. Schönhauser ist sich sicher, dass der Druck auf das Unternehmen bezüglich der Preisgestaltung zunächst noch relativ gering sein wird.	Das Bergische Papierkontor verfügt über ein weit verzweigtes Kundennetz im Kernabsatzgebiet Nordrhein-Westfalen und kann auf gute Kontakte zu vielen Einzelhändlern zurückblieben. Die Lieferbedingungen sowie das insgesamt gut strukturierte Sortiment machen nach Ansicht der Geschäftsleitung die Stärke des Unternehmens aus. In den letzten Wochen sind im Bereich des Verkaufs immer häufiger Anfragen zur Messeneuheit „Bilderdruck-Öko 2000" eingegangen. Bislang konnte das Bergische Papierkontor diese Anfragen jedoch nicht erfüllen.

Themenbereich 4

Das Bergische Papierkontor nimmt Veränderungen im Bereich der Absatzwirtschaft vor

M 6

Ergebnisse der Bedarfs-, Konkurrenz- und Absatzforschung

Kriterium	Bergisches Papierkontor	Konkurrent A	Konkurrent B
Angebot	Freibleibend, entscheidend ist die Auftragsbestätigung	ohne Obligo, Auftragsbestätigung bindend	alle Angebote freibleibend
Lieferung	Per LKW frei Haus, i.d.R. innerhalb von 48 Stunden	frei Haus, bei Eilzustellungen 24-Stunden-Dienst	Lieferung garantiert innerhalb einer KW
Mindestauftragswert	500 Euro, bei geringerem Betrag 25 Euro Zuschlag	250 Euro, darunter Zuschlag von 75 Euro je Auftrag	keine Mindestmengen
Verpackung	Bei Warenwert unter 250 Euro ist eine Pauschale von 15 Euro vom Käufer zu tragen.	Verpackungskosten werden vom Lieferanten übernommen.	Bis 500 Euro Pauschale von 25 Euro, darüber hinaus im Warenpreis enthalten
Zustellung per Express	Verpackungs- und Versandkosten zu Lasten des Käufers	Käufer trägt 50% der Kosten des Versandes	Käufer trägt alle Kosten der Zustellung
Transport-Risiko	Bei eigener Lieferung beim Bergischen Papierkontor, in allen anderen Fällen beim Käufer	Liegt bei allen Transporten ab Verlassen des Werkes beim Käufer	Wird innerhalb der Bundesrepublik Deutschland grundsätzlich vom Verkäufer übernommen
Skonto	Rechnungen sind zu zahlen: 30 Tage netto, 10 Tage nach Rechnungsdatum 3% Skonto	30 Tage netto Kasse, 10 Tage 1,5% Skonto	10 Tage netto Kasse, kein Skontoabzug möglich
Zahlungsverzug	Berechnung von Zinsen in Höhe von 5% über den banküblichen Kreditzinsen	Berechnung von Verzugszinsen von 4% über den banküblichen Kreditzinsen	Berechnung von Verzugszinsen von 2% über den banküblichen Kreditzinsen
Eigentumsvorbehalt	Ware bleibt Eigentum des Bergischen Papierkontors, bis alle Forderungen beglichen sind.	Wird im Regelfall nicht vereinbart	Keine Regelungen über Eigentumsvorbehalt
...	...	...	...

Themenbereich 4

Das Bergische Papierkontor nimmt Veränderungen im Bereich der Absatzwirtschaft vor

M 7

Ausgewählte Werbepreise im Fernsehen und Radio (Stand 1999); (Angaben in DM, 1 Euro = 1,95583 DM)

a) Fernsehen
   ZDF – **Preise in DM für 30 Sekunden-Spot**

Tarif	Saison 1 Jan., Mai, S., Dez.	Saison 2 Feb., März, Apr.	Saison 3 Okt., Nov.	Saison 4 Juni, Juli, Aug.
01	9.000	9.000	10.500	6.000
02	12.000	13.500	16.500	9.000
03	18.000	21.600	24.000	13.500
04	19.500	22.800	27.000	15.000
05	21.000	24.000	30.000	16.500
06	22.500	28.800	33.000	18.000
07	33.000	36.000	39.000	27.000
08	36.000	40.500	45.000	30.000
09	43.500	46.500	51.000	33.000
10	46.500	49.500	54.000	34.500
11	48.000	52.500	57.000	36.000
12	75.000	78.000	84.000	54.000

Werbeblock (WB)	Uhrzeit	Tag
WB 02	16.59	Mo – Sa
WB 10	17.50/55	Mo – Sa
WB 20	18.20	Mo – Sa
WB 30	18.55	Mo – Sa
Werbeuhr	18.59	Mo – Sa
Wetterbl. 60	19.19	Mo – Sa
WB 40	19.25	Mo – Sa
WB 50	19.50	Mo – Sa

Tarifgruppenschema

	MO	DI	MI	DO	FR	SA
WB 02	01	01	01	01	01	01
WB 10	02	02	02	02	02	02
WB 20	06	04	05	05	04	04
WB 30	03	03	03	03	03	03
WB 60	12	12	12	12	12	12
WB 40	08	08	08	08	08	07
WB 50	10	11	11	11	11	09

Je nach Umsatz sind Rabatte zwischen 7% und über 20% möglich.

n-tv – **Preise in DM für Einschaltlänge 30 Sek. (zzgl. MwSt)**

Umfeld	TG/Preis		TG/Preis		TG/Preis		TG/Preis		TG/Preis	
Börse	01	3.840	02	3.420	03	1.610	04	1.590	05	1.200
Wirtschaft	11	2.580	12	2.250	13	1.710	14	1.380	15	1.050
Nachricht./Politik	21	2.280	22	1.980	23	1.500	24	1.110	25	750
Magazin	31	2.070	32	1.890	33	1.440	34	102	35	720
Sport/Nacht	41	1.590	42	1.440	43	1.200	44	900	45	690

Weitere Tarifgruppen:
TG 51 = 6.000 DM   TG 52 = 3.900 DM   TG 53 = 2.400 DM   TG 54 = 1.800 DM

Tarifgruppenschema

Sendezeit	Tarif Mo – Fr	Tarif Sa/So
01.00 – 08.00 Uhr	TG 05, 25, 45	TG 14, 15, 24, 25, 44, 45
08.00 – 13.00 Uhr	TG 02, 03, 04, 05, 23, 24, 25	TG 12, 13, 14, 15, 23, 24, 34, 43, 44
13.00 – 17.00 Uhr	TG 02, 03, 04, 13, 14, 24, 33, 34, 54	TG 23, 24, 32, 33, 34, 42, 43
17.00 – 20.00 Uhr	TG 01, 02, 03, 13, 14, 23, 24, 43	TG 12, 13, 22, 23, 24, 33, 34, 43
20.00 – 23.00 Uhr	TG 01, 02, 03, 13, 23, 32, 33, 42, 52, 53	TG 11, 12, 13, 23, 24, 33, 34, 42
23.00 – 01.00 Uhr	TG 14, 15, 23, 24, 25, 43, 54	TG 14, 22, 23, 24, 25, 44

Je nach Umsatz sind Rabatte zwischen 15% und über 25% möglich.

Themenbereich 4

Das Bergische Papierkontor nimmt Veränderungen im Bereich der Absatzwirtschaft vor

b) Radio
WDR Westdeutscher Rundfunk Eins live – **Sendezeiten u. Preise DM je 30 Sekunden**

Zeit	Mo – Fr	Sa	D-STD
6 – 7	5.580	1.020	4.820
7 – 8	7.950	2.850	7.100
8 – 9	4.680	3.330	4.455
9 – 10	3.870	3.870	3.870
10 – 11	3.090	3.270	3.120
11 – 12	2.760	2.580	2.730
12 – 13	2.400	2.400	2.400
13 – 14	2.640	2.130	2.555
14 – 15	3.090	2.190	2.940
15 – 16	3.120	1.740	2.890
16 – 17	2.940	1.200	2.650
17 – 18	2.880	930	2.555
D-STD	**3.750**	**2.293**	**3.507**

radio NRW – **Sendezeiten und Preise für 30 Sekunden**

Uhrzeit	Mo – Fr	Samstag	Mo – Sa*	Sonntag
00 – 05	570	510	560	510
05 – 06	570	570	570	510
06 – 07	3.750	690	3.240	510
07 – 08	7.620	2.580	6.780	1.050
08 – 09	6.600	3.720	6.120	2.100
09 – 10	5.250	4.440	5.115	3.600
10 – 11	3.690	3.690	3.690	4.050
11 – 12	2.670	2.310	2.610	4.050
12 – 13	3.420	2.880	3.330	3.300
13 – 14	2.370	2.010	2.310	2.010
14 – 15	2.160	1.350	2.025	1.500
15 – 16	2.100	930	1.905	900
16 – 17	2.670	600	2.325	750
17 – 18	2.670	510	2.325	750
18 – 19	1.800	510	1.585	510
19 – 20	1.200	510	1.085	510
20 – 21	570	510	560	510
21 – 22	570	510	560	510
22 – 23	570	510	560	510
23 – 24	570	510	560	510
D-STD	**3.748**	**2.143**	**3.480**	**2.048**

* gewichteter Preis

Quelle (für a und b): Hanser, Peter (Hrsg.) Deutscher Werbekalender 1999
Taschenbuch für Marketing und Werbung, Verlagsgruppe Handelsblatt GmbH 1999

Themenbereich 4

Das Bergische Papierkontor nimmt Veränderungen im Bereich der Absatzwirtschaft vor

c) Kosten für eine Anzeigenschaltung in ausgewählten Printmedien (Angaben in Euro)

Printmedium	Kosten je Werbeschaltung	Angaben zum Medium
Tageszeitung „Wuppertaler Morgen"	1500 Euro	Auflage Mo.–Fr.: 250.000, Sa.: 500.000 Leserkreis: private Haushalte Verbreitung: ca. 100 km um Wuppertal
Fachzeitschrift „Papierhandel-intern"	3800 Euro	Erscheinungsweise: monatlich Leserkreis: Papiergroßhandel Verbreitung: bundesweit
Fachzeitschrift „Die moderne Druckerei"	2500 Euro	Erscheinungsweise: alle zwei Monate Leserkreis: kleine und mittlere Druckereien Verbreitung: bundesweit
Die Welt	17500 Euro	Erscheinungsweise: täglich Leserkreis: private Haushalte, Wirtschaft Verbreitung: Deutschland / Europa
Stadtanzeiger Wuppertal	125 Euro	Erscheinungsweise: wöchentlich Leserkreis: private Haushalte in Wuppertal Verbreitung: Stadt Wuppertal

M 8
Ablauf einer Werbekampagne

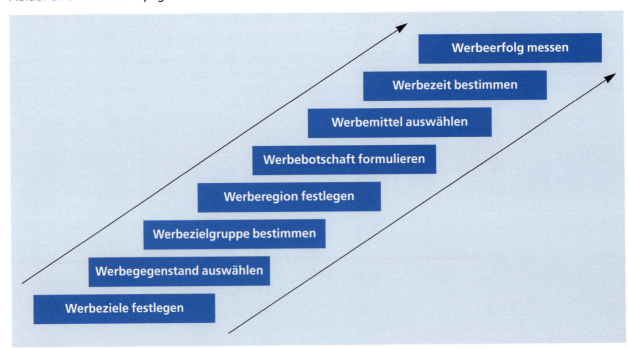

Themenbereich 4

Das Bergische Papierkontor nimmt Veränderungen im Bereich der Absatzwirtschaft vor

M 9
Reisender oder Handelsvertreter? Daten zur Entscheidungsfindung

Daten aus der Geschäftstätigkeit des Bergischen Papierkontors
- Umsatz im relevanten Geschäftsbereich: 750.000 Euro pro Jahr
- alle Angestellten erhalten ein 13. Monatsgehalt

Daten zum Reisenden	Daten zum Handelsvertreter
Monatliche Kosten: – 2,5% Umsatzprovision – 1750 Euro Fixum je Monat – 1275 Euro Lohnnebenkosten je Monat – 600 Euro Spesen je Arbeitsmonat	Kosten: – 8,5% Umsatzprovision

M 10
Elemente eines ökologisch ausgerichteten Marketing-Mixes

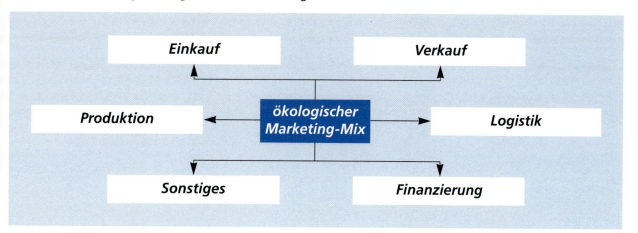

Aufgaben und Arbeitsmaterialien zum Themenbereich 5:
Finanzierung

Die Bergische Papierkontor GmbH prüft verschiedene Finanzierungsarten

Themenbereich 5

Die Bergische Papierkontor GmbH prüft verschiedene Finanzierungsarten

Ausgangssituation:

In diesem Monat steht die Erweiterung des firmeneigenen Fuhrparks an. Die Geschäftsleitung geht davon aus, dass das Bergische Papierkontor den Fuhrpark um zwei Kleintransporter sowie einen Pkw der Golfklasse aufstocken wird. Dr. Schönhauser will vor einem möglichen Kauf dieser Fahrzeuge zunächst einmal prüfen, welche Finanzierungsarten hierfür grundsätzlich in Frage kommen. Bei diesen Überlegungen fällt ihm eine Anzeige aus der Tageszeitung auf, in der Autos zum Leasing angeboten werden. Klären Sie in diesem Zusammenhang die folgenden Fragen:

Die Ausgangssituation bearbeiten Sie als:

Manfred Deneke
Abteilungsleiter Allgemeine Verwaltung

Arbeitsaufträge

A. Was versteht man unter Leasing?

B. Worin bestehen für das Bergische Papierkontor mögliche Vor- und Nachteile des Leasing?

C. Welche Arten von Leasing kann man allgemein unterscheiden?

D. Mit welchen Kosten muss ein Leasingnehmer bei einem Leasingvertrag rechnen?

E. Frau Schönhauser, die Ehefrau des Geschäftsführers, überlegt, ob sie ein Wohnmobil leasen oder kreditfinanzieren soll. Sie hat daher ihren Mann gebeten, die Hausbank zu beauftragen, die entsprechenden Daten für eine Gegenüberstellung der günstigsten Finanzierung zusammengetragen. Vergleichen Sie für Herrn Schönhauser die vorliegenden Angebote und entscheiden Sie sich begründet für die Ihrer Meinung nach beste Alternative.
Das Thema Leasing wird im Band „Handelsbetriebslehre, Grundwissen ab S. 255 behandelt.

Themenbereich 5

Die Bergische Papierkontor GmbH prüft verschiedene Finanzierungsarten

Folgesituation 1

Die Geschäftsleitung hat entschieden, dass Firmen, mit denen das Bergische Papierkontor gute Geschäftsbeziehungen unterhält, mehr Möglichkeiten von Lieferantenkrediten erhalten sollen. Zu dieser Entscheidung sieht sich die Geschäftsleitung gezwungen, weil wichtige Konkurrenzunternehmen dieses Entgegenkommen in Bezug auf Kunden bereits seit Wochen mit großem Erfolg praktizieren. Ein langjähriger Kunde des Bergischen Papierkontors ist bereits zu einem Konkurrenten gewechselt, zwei weitere Kunden haben ähnliche Schritte für die Zukunft nicht ausgeschlossen. Dr. Schönhauser will die großzügigere Vergabe von Lieferantenkrediten jedoch nicht ohne eine besondere Kreditabsicherung durchführen.

Agieren Sie weiter als:

Manfred Deneke
Abteilungsleiter Allgemeine Verwaltung

Arbeitsaufträge

1.1 Welche Möglichkeiten der Kreditabsicherung stehen dem Bergischen Papierkontor allgemein zur Verfügung? Stellen Sie diese Möglichkeiten gegliedert nach Personal- und Realkrediten grafisch dar und erläutern Sie jede von Ihnen genannte Möglichkeit der Kreditsicherung.
Im Lehrbuch der Handelsbetriebslehre werden Kreditsicherungsmöglichkeiten ab S. 260 behandelt.

1.2 Welche der von Ihnen genannten Kreditsicherungen empfehlen Sie für die Absicherung der Lieferantenkredite der Bergischen Papierkontor GmbH?

1.3 Welche Vorteile haben die von Ihnen in 1.2 genannten Kreditsicherungsarten für den Kreditgeber und den Kreditnehmer (M 2)?

1.4 Die von Ihnen vorgeschlagene Kreditabsicherung wurde in die Allgemeinen Geschäftsbedingungen übernommen und somit Bestandteil eines jeden Vertrages mit den Lieferanten. Der Sachbearbeiter Rechnungswesen, Jürgen Konrad, meldet einige Wochen später, dass die fällige Zahlung von 100.000 Euro in einem Vertrag, der Ihre Form der Kreditabsicherung enthält, bei einem Fixkauf nicht vereinbarungsgemäß eingegangen ist. Wie gehen Sie in diesem Falle vor? Schildern Sie detailliert die weitere Vorgehensweise.

Themenbereich 5

Die Bergische Papierkontor GmbH prüft verschiedene Finanzierungsarten

Folgesituation 2

Kaum ist die Frage der Finanzierung des Mittelklassewagens für die bp GmbH entschieden, taucht eine neue Finanzierungsproblematik auf. Die Modernisierung und Erweiterung eines Teil des Betriebsgebäudes steht seit einiger Zeit an. Die Bausubstanz des alten Betriebsgebäudes ist nicht mehr zufrieden stellend und muss saniert werden. Zudem sollen die Büros der Einkaufs- und Verkaufsabteilungen modernisiert und teilweise vergrößert werden. Die Gesellschafter haben daher beschlossen, die erforderlichen Baumaßnahmen in das folgende Geschäftsjahr zu legen. Nach dem Kostenvoranschlag des beauftragten Architekten wird sich die Bausumme auf 600.000 Euro belaufen.

Für die Geschäftsleitung stellt sich die Frage, wie das Projekt finanziert werden soll. Nach Aussage des Geschäftsführers Dr. Schönhauser sind die Möglichkeiten der Innenfinanzierung begrenzt. Andererseits will die Geschäftsleitung die Aufnahme von Fremdkapital jedoch begrenzen.

Beschäftigen Sie sich als Sachbearbeiterin Elisabeth Albrecht mit den folgenden Fragen:

Sie sind nun:

Elisabeth Albrecht
Sachbearbeiterin in der
Allgemeinen Verwaltung

Arbeitsaufträge

2.1 Stellen Sie die Arten der Finanzierung in Form eines Schemas dar.

2.2 Wägen Sie bezogen auf die konkrete Situation des Bergischen Papierkontors die Vor- und Nachteile einer Eigen- und Fremdfinanzierung gegeneinander ab.

2.3 Während Elisabeth Albrecht mit der Bearbeitung der Aufgaben 2.1 und 2.2 beschäftigt ist, geht bei der Geschäftsleitung das Angebot von Frau von Stein, einer wohlhabenden Privatperson, ein. Frau von Stein bietet mit einer Stammeinlage von 125.000 Euro eine Beteiligung an der Bergischen Papierkontor GmbH an. Im Gegenzug verlangt sie eine Beteiligung an der Geschäftsleitung des Unternehmens sowie eine entsprechende Gewinnausschüttung.

a) Um welche Art der Finanzierung handelt es sich bei dem vorliegenden Angebot?

b) Diskutieren Sie Vor- und Nachteile des vorliegenden Angebotes und entscheiden Sie sich begründet für oder gegen die Annahme des Angebotes von Frau von Stein. Berücksichtigen Sie auch die geschichtliche Entwicklung der bp sowie deren Organisationsstruktur (M 14).

c) Fertigen Sie einen Brief an, in dem Sie Frau von Stein Ihre Entscheidung mitteilen. Bitte begründen Sie Ihre Haltung ausführlich.

Mit Finanzierungsarten beschäftigt sich unser Lehrbuch zur HBL ab S. 243.

Themenbereich 5

Die Bergische Papierkontor GmbH prüft verschiedene Finanzierungsarten

Folgesituation 3

Die schon lange geplante Anschaffung eines neuen LKWs für den firmeneigenen Fuhrpark wird immer erreichbarer. Zur Abschätzung der möglichen Kosten für die Aufnahme eines Darlehens über 150.000 Euro hat Manfred Deneke bei der örtlichen Stadtsparkasse einen Mustervertrag für ein Darlehen mit anfänglichem Festzins angefordert. Dieser Vertrag liegt nun mit dem Schriftstück „Unbeschränkte Bürgschaft – Sicherung der Geschäftsverbindung" vor.

Sie arbeiten jetzt wieder als:

Manfred Deneke

Arbeitsaufträge

Arbeiten Sie die im Anhang aufgeführten Bestandteile dieses Vertragsvorschlags der Stadtsparkasse durch und beantworten Sie die folgenden Fragen:

3.1 Wie hoch ist der zu Grunde gelegte Zinssatz?

3.2 Wie groß ist die jährliche Leistungsrate in Euro?

3.3 Wann sind die einzelnen Teilbeträge zu zahlen?

3.4 Wer trägt die Kosten für den Abschluss des Vertrags?

3.5 Wo müssen die notwendigen Zahlungen geleistet werden?

3.6 Können nachträglich Änderungen über die Regelungen zur Bürgschaft getroffen werden?

3.7 Ist die Sparkasse berechtigt, die Offenlegung der wirtschaftlichen Verhältnisse des Bürgen zu verlangen?

3.8 Wie lange bleibt der vereinbarte Zinssatz festgeschrieben?

3.9 Wann kann das Darlehen gekündigt werden?

3.10 An welchem Punkt des Darlehensvertrages stehen die Gründe, die die Sparkasse zu einer sofortigen Fälligkeit der Summe berechtigen würden?

3.11 Wie soll das Darlehen nach den Vorstellungen der Sparkasse abgesichert werden?

3.12 Um welche Art von Darlehen handelt es sich im vorliegenden Fall?

3.13 Welche Aspekte werden von der Bank für die Übernahme einer Bürgschaft überprüft?

Themenbereich 5

Die Bergische Papierkontor GmbH prüft verschiedene Finanzierungsarten

Zusatzinformationen zur Bearbeitung der Aufgaben

M1
Vor- und Nachteile des Leasing

Vorteile des Leasing	Nachteile des Leasing

M2
Vorteile ausgewählter Kreditsicherungsmöglichkeiten für den Kreditgeber und den Kreditnehmer

Kreditsicherung	Mögliche Vorteile für den Kreditgeber	Mögliche Vorteile für den Kreditnehmer
Bürgschaft		
Zession (offene)		
Sicherungsübereignung		
...		

Arbeitsblatt

Themenbereich 5

Die Bergische Papierkontor GmbH prüft verschiedene Finanzierungsarten

M3
Aus der Werbung der Leasing GmbH

Was ist Leasing?
Im Grunde ist Leasing eine besondere Form der Miete über einen fest bestimmten Zeitraum, bei der der Leasingnehmer (Mieter) am Wertverlust des Leasingobjektes beteiligt ist. Mobilien-Leasing ist Leasing von „mobilen Wirtschaftsgütern", Fahrzeugen allerart, Maschinen und Geräten im weitesten Sinne, technischer Ausrüstung etc.

Wozu der Leasingvertrag?
Der Leasingvertrag zwischen Leasinggeber und Leasingnehmer, insbesondere Einzelheiten wie Laufzeit (Leasingdauer) und monatliche Leasingrate müssen sich an geltendem Recht orientieren: Neben einschlägigen diversen Rechtsgebieten sind die wichtigsten Grundlagen in steuerrechtlicher Betrachtung die Leasingerlasse des Bundesministers der Finanzen vom 19.4.1971 und vom 22.12.1975. Mit den AGB (Allgemeine Geschäftsbedingungen des Leasinggebers) werden die Rechte und die Pflichten der Vertragspartner geregelt: Für den Beginn, die Laufzeit und das Ende des Vertrages.

Wie geht das?
Ein Beispiel aus der Praxis:
Marlene Becker, Inhaberin des Sonnenstudios „Sun-ok", bestellt beim Autohaus Rausch in Wuppertal ihr neues Fahrzeug, einen BMW 320i. Die Ausstattung des neuen Autos stellt sie nach ihren Wünschen zusammen und einigt sich mit dem Verkäufer auf einen Barpreis, zu zahlen bei Lieferung.
Ihre eigenen Finanzen möchte Frau Becker nicht damit strapazieren: Ein Aktiendepot verspricht mittelfristigen Gewinn, die Reise nach Neuseeland ist gebucht, der Bankkredit soll zur Finanzierung des Warenlagers einen Spielraum behalten. Also entschließt sie sich, ihr neues Fahrzeug zu leasen. Bei der Leasing GmbH bekommt sie die richtigen Tipps zur Gestaltung eines für sie passenden Leasingvertrages. Auch die gesamten Konditionen überzeugen Sie davon, dass ihre Entscheidung für die Leasing GmbH richtig ist. Sie unterschreibt einen Leasingvertrag, der ihr die entscheidenden Vorteile bietet. Der Weg ist frei zur Freude auf das neue Auto.
Die Leasing GmbH tritt beim Autohaus Dietsch in den Kaufvertrag von Frau Becker ein. Bei Lieferung des Fahrzeuges schickt das Autohaus die Rechnung an die Leasing GmbH und erhält sofort den Kaufpreis per Scheck. Die Leasing GmbH ist Eigentümer, Frau Becker ist die Besitzerin des Fahrzeuges (auch „Halter" im Sinne der StVZO): Zulassung und Versicherung erfolgen auf ihren Namen. Zur Nutzung zahlt sie monatliche Leasingraten, die sie als Kosten steuerlich geltend macht.

M4
Leasing: eine Alternative zum herkömmlichen Kauf?
Quelle: Bad Hamburg, Leasinggesellschaft der Sparkasse

Hier haben Sie die Möglichkeit, zu testen, ob Leasing für Sie eine Alternative zum herkömmlichen Kauf sein kann. Bewerten Sie einfach die folgenden Aussagen.

	Ja	unwichtig	Nein
Moderne Investitionsobjekte können ein entscheidender Wettbewerbsvorteil sein.	●	○	○
Entscheidend ist die Nutzung am Investitionsobjekt, nicht das Eigentum daran.	●	○	○
Investitionen sollen sich am besten über den Nutzungszeitraum selbst verdienen.	●	○	○
Investitionen sollen nicht die Liquiditätsspielräume einengen.	●	○	○
Kapital soll nicht unnötig im Anlagevermögen gebunden sein, sondern Erträge erwirtschaften.	●	○	○
Vertragsgestaltungen müssen sich flexibel an die Nutzungsform von Investitionsobjekten anpassen lassen.	●	○	○
Schnelllebige Objekte wie Computer brauchen flexible Finanzierungsinstrumente.	●	○	○
Klare und verlässliche Kalkulationsgrundlagen sind im Geschäftsleben außerordentlich wichtig.	●	○	○
Aufwendungen für Investitionen sollten ihre Wirkung besser als Betriebsausgabe in der Gewinn-und-Verlust-Rechnung zeigen als in der Verschiebung von Bilanzrelationen.	●	○	○

Themenbereich 5
Die Bergische Papierkontor GmbH prüft verschiedene Finanzierungsarten

M 5
Leasingarten – *eine Auswahl*

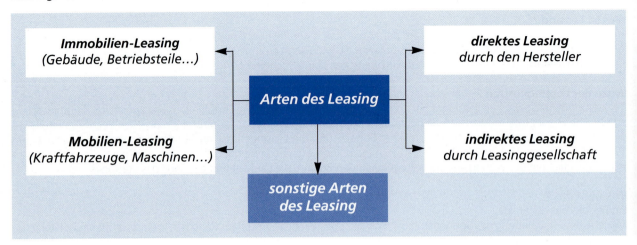

M 6
Ausgewählte Kalkulationselemente des Leasing

Themenbereich 5

Die Bergische Papierkontor GmbH prüft verschiedene Finanzierungsarten

M7
Möglichkeiten der Kreditsicherung (ungeordnete Begriffe)

selbstschuldnerische Bürgschaft
Lombardkredit
Personalkredit
offene Zession
Absicherung durch eine bewegliche Sache
Realkredit
Zessionskredit
Hypothek
Sicherungsübereignungskredit
Ausfallbürgschaft
Absicherung durch eine unbewegliche Sache
Wechseldiskontkredit
Grundschuld
Bürgschaftskredit
stille Zession

M8
Finanzierungsarten im Überblick

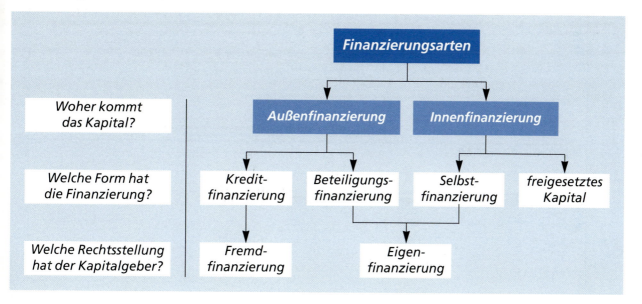

Themenbereich 5

Die Bergische Papierkontor GmbH prüft verschiedene Finanzierungsarten

M 9
Allzweckkredit der Stadtsparkasse

Allzweckkredit

An die **Stadtsparkasse**

Zuständiger Kundenberater: VOLKER FLOCKEN
Kreditkonto Nr.: 8330813

Antragsteller (persönliche Angaben der Verpflichteten)
Name, Vorname, Geburtsname/früherer Name, Straße, PLZ, Ort – Geburtstag/Geburtsort, Legitimation

FRANZ MUSTERMANN
MUSTERSTRASSE 25
69118 HEIDELBERG
* 22.02.1967
Pers. bek. ber. identif.

| Beruf | ANGESTELLTER | Familienstand: ledig | Güterstand | Geburtsjahr der Kinder unter 18 Jahre |

Telefon | Bereits Kredit-/Darl.-Kunde: Kredit-/Darl.-Kto. Nr. | Frühere Wohnung (innerhalb der letzten 6 Monate)

Kredithöhe, Kosten, Zahlungsplan — Betragsangaben in

Valuta der Auszahlung: 30.01.99

- Nettokreditbetrag: € 50.000,00
- 1. Rate fällig am: 30.02.1999
- 1. Rate: € 1.035,00
- Gutschrift des Nettokreditbetrags auf Konto Nr. bei: € 50.000,00 — 429100
- Zinssatz pro Monat: 0,370 % — € 11.100,00
- Anzahl mtl. Folgeraten: 58
- Folgeraten: € 1.035,00
- Anlaufzinsen für Tage:
- Letzte Rate fällig am: 30.01.2004
- letzte Rate: € 1.035,00
- **Ratenzahlung** — Abbuchung zu Lasten Konto Nr./sonst. Zahlungsart: 429100
- Bearbeitungsprovision: 2,00 % — € 1.000,00
- Folgeraten fällig am: 30. d. M
- **Effektiver Jahreszins**: 9,28 %
- ohne Bearb. Prov.: 8,53 %
- Sonstige Kosten insgesamt:
- Gesamtbetrag ohne die o. g. nicht bezifferbaren Kosten: € 62.100,00

Autokredit: Der Antragsteller muß das Fahrzeug vollkaskoversichern. Die Versicherungsprämien sind von ihm entsprechend den Tarifen der von ihm gewählten Versicherungsgesellschaft an diese zu zahlen.

Angebotene Sicherheiten

Errechnung des verfügbaren Einkommens pro Monat und zusätzliche Angaben

- Nettoeinkommen des Antragstellers: € 3.400,00 — Beschäftigt bei: TEST GMBH — seit: 01.01.1988
- Nettoeinkommen d. Mitantragstellers: +
- Sonstige Einkünfte (z. B. Kindergeld): +
- Ratenzahlungen für bestehende Verpflichtungen: ./.
- Sonstige laufende Verpflichtungen: ./.
- Noch verfügbares Einkommen: € 2.200,00

Bei Überweisung der Einkünfte an anderes Kreditinstitut: Bankverbindung mit Konto-Nr.
Kreditkarte
Es schwebt oder schwebte ein Klage- oder Mahnverfahren/Es hat ein Konkurs- oder Vergleichsverfahren bzw. ein außergerichtlicher Vergleich stattgefunden.
Es ist ein Antrag auf Einleitung des Verfahrens zur Abnahme der eidesstattlichen Versicherung gestellt worden.
Es ist das Verfahren zur Abnahme der eidesstattlichen Versicherung bereits durchgeführt/der Offenbarungseid bereits geleistet worden.
Datum des Verfahrens

Vermögenswerte

Die Richtigkeit der vorstehenden Angaben wird ausdrücklich versichert. Alle durch die Bearbeitung dieses Antrages entstehenden Kosten gehen zu Lasten des Antragstellers; es sei denn, der Vertragsabschluß unterbleibt aus Gründen, die der Antragsteller nicht zu vertreten hat. Die Sparkasse ist berechtigt, jederzeit die öffentlichen Register sowie das Grundbuch und die Grundakten einzusehen und einfache oder beglaubigte Abschriften und Auszüge zu beantragen, ebenso Auskünfte bei Versicherungen, Behörden und sonstigen Stellen, insbesondere Kreditinstituten, einzuholen, die sie zur Beurteilung des vorstehenden Antrags für erforderlich halten darf.

Ort, Datum: Emmerich, 10.2.1999

Unterschrift(en) des Antragstellers

Deutscher Sparkassen Verlag, Stuttgart

Themenbereich 5

Die Bergische Papierkontor GmbH prüft verschiedene Finanzierungsarten

M 10
Leasingangebot der Stadtsparkasse

Stadtsparkasse

Stadtsparkasse
Filiale: 822

Ihr Kundenberater: Volker Flocken
Telefon: 02822/76168
Telefax: 02822/76169
Datum: 10.02.1999

śLeasing-Angebot

Sehr geehrte Damen und Herren,
vielen Dank für Ihr Interesse an unserem S-Leasing-Angebot.

Gerne unterbreiten wir Ihnen ein auf Ihre Wünsche und Vorgabe ausgerichtetes Angebot. Ihre Angaben zu dem Investitions-Objekt, wie z.B. die Abschreibungs- und die von Ihnen gewünschte Nutzungszeit, haben wir bei der Angebotsgestaltung berücksichtigt.

Unser Angebot ist freibleibend. Der Kalkulation liegt der zur Zeit gültige Mehrwertsteuersatz von 16% zugrunde.

Leasing-Objekt (Neufahrzeug/Alter bis ein Jahr - Laufleistung 15000 km p.a.):

Caravan „Globus II"

Anschaffungskosten:	mit MwSt.	ohne MwSt.
	50.000,00 €	43.103,45 €

Leasing-Preis:

	mit MwSt.	ohne MwSt.
Sonderzahlung:	0,00 €	0,00 €
monatliche Leasingrate:	810,84 €	699,00 €
Gewünschte kalk. Nutzungsdauer	54 Monate	
Schlußzahlung zum 54. Monat:	19.125,00 €	16.487,07 €

Zur Erhöhung Ihrer Flexibilität können Sie das Leasing-Objekt über den 54. Monat hinaus bei gleicher Leasingrate weiternutzen. Bei einer Weiterführung des Vertrages über den 54. Monat hinaus reduziert sich Ihre Schlußzahlung um 2,990% pro Monat.

Wir hoffen, daß Ihnen unser Angebot zusagt.

Mit freundlichen Grüßen
Stadtsparkasse

(Nr. 814491-01)

Themenbereich 5

Die Bergische Papierkontor GmbH prüft verschiedene Finanzierungsarten

M 11
Darlehensvertrag der Stadtsparkasse (Muster)

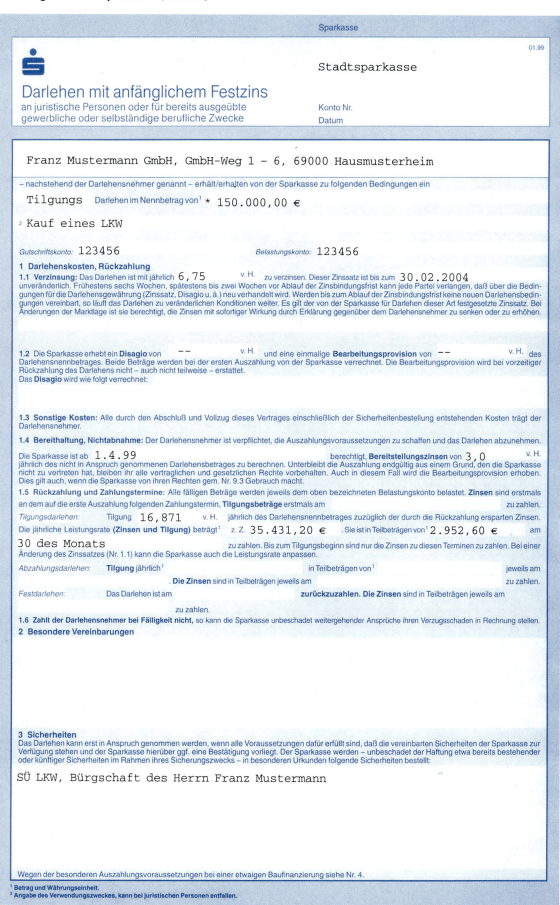

Themenbereich 5
Die Bergische Papierkontor GmbH prüft verschiedene Finanzierungsarten

M 11
(Fortsetzung)

4 Besondere Auszahlungsbedingungen bei Baufinanzierung

4.1 Das Darlehen wird ausgezahlt, wenn die Prüfung der der Sparkasse noch einzureichenden Unterlagen dies gestattet. Zur Prüfung der Voraussetzung für die Darlehensauszahlung ist die Sparkasse berechtigt, eine Besichtigung und Wertermittlung des Pfandobjektes auf Kosten des Darlehensnehmers vornehmen zu lassen.

4.2 Nach freiem Ermessen der Sparkasse können je nach dem Fortschritt der Bauarbeiten Teilzahlungen geleistet werden, sofern die Auszahlungsvoraussetzungen erfüllt sind. Es muß sichergestellt sein, daß die Fertigstellung des Bauvorhabens mit den dann noch zur Verfügung stehenden Geldmitteln erfolgen kann. In der Regel leistet die Sparkasse Teilzahlungen frühestens nach Einsatz sämtlicher Fremd- und Eigenmittel sowie nach Fertigstellung des Rohbaues.

5 Abtretungsbeschränkung

Der Anspruch auf Auszahlung des Darlehens kann nur mit Zustimmung der Sparkasse abgetreten oder verpfändet werden.

6 Mehrere Darlehensnehmer/Rückübertragung von Sicherheiten

Bei mehreren Darlehensnehmern ist jeder für sich allein zur Empfangnahme des Darlehens berechtigt. Mehrere Darlehensnehmer haften als Gesamtschuldner, und zwar auch für eine durch die Ratenbelastung auf dem Girokonto eines Darlehensnehmers entstandene Kontoüberziehung.

Wird die Sparkasse von einem Darlehensnehmer befriedigt, so prüft sie nicht, ob diesem Darlehensnehmer auf von ihr nicht mehr benötigte Sicherheiten zustehen. Sie wird solche Sicherheiten grundsätzlich an den Sicherungsgeber zurückgeben, soweit der leistende Darlehensnehmer nicht nachweist, daß die Zustimmung des Sicherungsgebers zur Herausgabe an ihn vorliegt.

7 Erfüllung

Alle Zahlungen sind – für die Sparkasse kostenfrei – in den Geschäftsräumen der Sparkasse oder bei einer von ihr zu bezeichnenden Stelle zu leisten oder ihr zu überweisen. Sie ist berechtigt, die Zahlungen nach eigenem Ermessen auf die geschuldeten Leistungen zu verrechnen, und, wenn mehrere Schuldverhältnisse mit ihr bestehen, zu bestimmen, auf welches Schuldverhältnis und auf welche geschuldeten Zahlungen zu verrechnen sind.

8 Offenlegungs- und Auskunftspflicht

Der Darlehensnehmer hat der Sparkasse, einem von dieser beauftragten Treuhänder oder ihrer zuständigen Prüfungsstelle jederzeit Einblick in seine wirtschaftlichen Verhältnisse zu gewähren, insbesondere seine Bücher, Bilanzen, Abschlüsse und Geschäftspapiere vorzulegen oder die Einsicht und Prüfung dieser Vorgänge zu gestatten, jede gewünschte Auskunft zu erteilen und die Besichtigung seines Betriebes zu ermöglichen. Die Sparkasse ist auch aufgrund gesetzlicher Vorgaben verpflichtet, sich die wirtschaftlichen Verhältnisse des Darlehensnehmers offenlegen zu lassen.

Die Sparkasse kann die dafür erforderlichen Unterlagen direkt bei den Beratern des Darlehensnehmers in Buchführungs- und Steuerangelegenheiten nach Rücksprache mit dem Darlehensnehmer anfordern. Soweit die genannten Unterlagen auf Datenträger gespeichert sind, ist der Darlehensnehmer verpflichtet, diese in angemessener Frist lesbar zu machen.

Die Sparkasse ist berechtigt, jederzeit die öffentlichen Register sowie das Grundbuch und die Grundakten einzusehen und auf Rechnung des Darlehensnehmers einfache oder beglaubigte Abschriften und Auszüge zu beantragen, ebenso Auskünfte bei Versicherungen, Behörden und sonstigen Stellen, insbesondere Kreditinstituten, einzuholen, die sie zur Beurteilung des Darlehensverhältnisses für erforderlich halten darf.

9 Kündigung/sofortige Fälligkeit

9.1 Das Darlehen kann beiderseits mit einer Frist von einem Monat zum Ablauf der ersten oder einer folgenden Festzinsvereinbarung gem. Nr. 1.1 ganz oder teilweise gekündigt werden. Wird das Darlehen nach Ablauf der ersten oder einer folgenden Festzinsvereinbarung mit veränderlichem Zinssatz fortgeführt, so kann es jederzeit mit einer Frist von drei Monaten gegenüber dem Vertragspartner ganz oder teilweise gekündigt werden.

Die Kündigung soll schriftlich erfolgen. Eine Kündigung des Darlehensnehmers gilt als nicht erfolgt, wenn er den geschuldeten Betrag nicht binnen zweier Wochen nach Wirksamwerden der Kündigung zurückzahlt.

9.2 Unbeschadet ihres Rechts zur fristlosen Kündigung aus sonstigen wichtigen Gründen (Nr. 26 AGB) kann die Sparkasse das Kapital für sofort fällig und zahlbar erklären,
– wenn der Sicherungsgeber gegen die ihm in den gesonderten Sicherungsverträgen oder Grundschuldbestellungsurkunden auferlegten besonderen Pflichten verstößt;
– wenn der Darlehensnehmer gegen die ihm in Nr. 8 auferlegten Pflichten verstößt;
– wenn der Darlehensnehmer mit fälligen Leistungen länger als 14 Tage in Verzug gerät und auch nach einer weiteren Nachfristsetzung durch die Sparkasse von mindestens weiteren 14 Tagen nicht zahlt;
– wenn die Zwangsversteigerung oder die Zwangsverwaltung in das belastete Pfandobjekt in Teile desselben eingeleitet wird; der Fall der Zwangsversteigerung zur Auseinandersetzung unter Miteigentümern/Miterbbauberechtigten ist ausgenommen;
– wenn Zubehörstücke, Miet- oder Pachtzinsen gepfändet werden oder wenn über dieselben ohne Zustimmung der Sparkasse verfügt wird, es sei denn, die Verfügung über die Zubehörstücke erfolgt innerhalb der Grenzen einer ordnungsgemäßen Wirtschaft;
– wenn das Pfandobjekt ganz oder teilweise veräußert wird oder sonst darüber ohne Zustimmung der Sparkasse verfügt wird oder bei einem Erbbaurecht der Grundstückseigentümer von seinem Heimfallanspruch Gebrauch macht;
– wenn die Rechtsgültigkeit oder der Rang der Grundschuld bestritten wird oder der vereinbarte Rang nicht beschafft wird.

9.3 Die Sparkasse ist berechtigt, die Darlehensauszahlung abzulehnen oder bereits ausgezahlte Beträge für sofort fällig und zahlbar zu erklären, wenn
– sich die in den Beleihungsunterlagen enthaltenen Angaben als unrichtig erweisen oder wesentliche Änderungen in den persönlichen und wirtschaftlichen Verhältnissen des Darlehensnehmers oder des Sicherungsgebers eintreten, insbesondere wenn die Gesamtfinanzierung des Bauvorhabens nicht mehr gesichert ist oder die Fertigstellung aus anderen Gründen als gefährdet erscheint;
– der Anspruch auf Auszahlung des Darlehens gepfändet wird.

Sind mehrere Darlehensnehmer oder Sicherungsgeber vorhanden, so finden die vorstehenden Bestimmungen der Ziffern 9.1 bis 9.3 auch dann Anwendung, wenn die Voraussetzungen für Kündigung und Rückforderung des Darlehens in der Person nur eines Darlehensnehmers oder Sicherungsgebers vorliegen.

10 Gerichtsstand

Soweit der Gerichtsstand nicht durch das belastete Grundstück bestimmt wird und sich die Zuständigkeit des allgemeinen Gerichtsstandes der Sparkasse nicht bereits aus § 29 ZPO ergibt, kann die Sparkasse ihre Ansprüche an ihrem allgemeinen Gerichtsstand verfolgen, wenn der im Klagewege in Anspruch zu nehmende Vertragspartner Kaufmann oder eine juristische Person im Sinne der Nr. 6 AGB ist oder bei Vertragsabschluß keinen allgemeinen Gerichtsstand im Inland hat oder später seinen Wohnsitz oder gewöhnlichen Aufenthaltsort aus der Bundesrepublik Deutschland verlegt oder sein Wohnsitz oder gewöhnlicher Aufenthaltsort im Zeitpunkt der Klageerhebung nicht bekannt ist.

11 Einwilligung in die Weitergabe von Informationen im Rahmen der Refinanzierung

Der Darlehensnehmer willigt ein, daß die Sparkasse einer Zentralbank oder einem refinanzierenden Kreditinstitut (refinanzierendes Institut) die erforderlichen Informationen (z. B. Darlehensbetrag, Fälligkeit, Namen und Adresse des Darlehensnehmers) mitteilt, sofern die Sparkasse die Darlehensforderung im Rahmen ihrer eigenen Refinanzierung an ein refinanzierendes Institut überträgt, verpfändet oder unter Verwendung eines anderen Rechtsinstruments zur Refinanzierung einsetzt.

12 Allgemeine Geschäftsbedingungen

Die Sparkasse weist ausdrücklich darauf hin, daß ergänzend ihre Allgemeinen Geschäftsbedingungen (AGB) Vertragsbestandteil sind. Die AGB hängen/liegen in den Kassenräumen der Sparkasse zur Einsichtnahme aus.[1]

*Der Vertrag und die Durchschrift(en) sind von **allen** auf der Vorderseite genannten Darlehensnehmern zu unterschreiben!*

Hinweis: Ist ein mithaftender Darlehensnehmer Verbraucher i. S. v. § 1 VerbrKrG, ist zusätzlich der Vordruck 191 050.000 auszufüllen.

Ort, Datum (falls abweichend von Seite 1)

Legitimation

1. Pers. bek. u. bereits legitimiert bei Konto _____
Ausgewiesen durch ☐ Personalausweis / ☐ Reisepaß
Nr. _____ ausgestellt von _____

2. Pers. bek. u. bereits legitimiert bei Konto _____
Ausgewiesen durch ☐ Personalausweis / ☐ Reisepaß
Nr. _____ ausgestellt von _____

Legitimation geprüft und die Richtigkeit der Unterschrift(en): Unterschrift des Sachbearbeiters (mit Pers.-Nr.)

Firma und Unterschrift(en) Darlehensnehmer

Der/Die Darlehensnehmer handelt/handeln für eigene Rechnung:
☐ Ja. / ☐ Nein.

Für die Sparkasse:

[1] Jeder Vertragspartner der Sparkasse erhält ein Exemplar der AGB, soweit noch keine Geschäftsverbindung besteht und der Vertragsabschluß außerhalb der Sparkasse erfolgt.

Deutscher Sparkassen Verlag, Stuttgart

Themenbereich 5

Die Bergische Papierkontor GmbH prüft verschiedene Finanzierungsarten

M12
Bürgschaftsvertrag der Stadtsparkasse (Muster)

Kreditinstitut

Kreis- und Stadtsparkasse Überall

Unbeschränkte Bürgschaft
Sicherung der Geschäftsverbindung
für besondere Geschäftsfälle

Geschäftszeichen 123456789

Zur Sicherung **aller Ansprüche gem. Nr. 1, insbesondere aus der bankmäßigen Geschäftsverbindung**, verbürgt/verbürgen sich

Herr Norbert Vielhaber, Kaufmann
Unter den Birken 5, 12346 Entenhausen

– nachstehend der Bürge genannt – gegenüber dem Kreditinstitut **ohne zeitliche und betragsmäßige Beschränkung** als Selbstschuldner für den in Nr. 1 genannten Hauptschuldner.

1 Sicherungszweck

Die Bürgschaft wird zur **Sicherung aller bestehenden und künftigen, auch bedingten oder befristeten Forderungen** des Kreditinstituts gegen den Hauptschuldner,

Herr Gustav Gans
Möhrenbachstraße 34
12346 Entenhausen

aus seiner bankmäßigen Geschäftsverbindung (insbesondere aus laufender Rechnung, Krediten und Darlehen jeder Art und Wechseln) übernommen. Sie sichert auch Ansprüche gegen den Hauptschuldner aus Wechseln, auch soweit sie von Dritten hereingegeben werden, aus Abtretungen oder gesetzlichem Forderungsübergang und aus vom Hauptschuldner gegenüber dem Kreditinstitut übernommenen Bürgschaften, soweit das Kreditinstitut diese Ansprüche im Rahmen seiner bankmäßigen Geschäftsverbindung mit dem Hauptschuldner erwirbt.

2 Selbstschuldnerische Bürgschaft

Die Bürgschaft ist selbstschuldnerisch unter Verzicht auf die Einrede der Vorausklage übernommen. Der Bürge verzichtet auf die Einreden der Anfechtbarkeit und der Aufrechenbarkeit gem. § 770 BGB. Auf die sonstigen Einreden nach § 768 BGB wird verzichtet, soweit sie nicht unbestritten oder nicht rechtskräftig festgestellt sind. Der Bürge kann keine Rechte aus der Art oder dem Zeitpunkt der Verwertung oder der Aufgabe anderweitiger Sicherheiten herleiten. Das Kreditinstitut ist nicht verpflichtet, sich zunächst an andere Sicherheiten zu halten, bevor es den Bürgen in Anspruch nimmt.

3 Anerkenntnisse

Anerkenntnisse, die der Hauptschuldner dem Kreditinstitut erteilt hat oder noch erteilen wird, haben dem Bürgen gegenüber volle Gültigkeit.

4 Zahlungen des Bürgen

Falls der Bürge Zahlungen leistet, gehen die Rechte des Kreditinstituts gegen den Hauptschuldner dann auf ihn über, wenn das Kreditinstitut wegen aller seiner Ansprüche gegen den Hauptschuldner volle Befriedigung erlangt hat. Bis dahin gelten die Zahlungen nur als Sicherheit. Soweit das Kreditinstitut noch andere, nicht vom Hauptschuldner gestellte Sicherheiten zur Verfügung stehen, die es selbst nicht mehr benötigt, prüft es nicht, ob der Bürge Ansprüche auf diese Sicherheiten hat. Es wird solche Sicherheiten grundsätzlich an den Sicherungsgeber zurückgeben, soweit der Bürge nicht nachweist, daß die Zustimmung des Sicherungsgebers zur Herausgabe an ihn vorliegt.

5 Kündigung

5.1 Die Bürgschaft kann unter Einhaltung einer Frist von vier Wochen mit Wirkung für die Zukunft in der Weise gekündigt werden, daß sie mit Wirksamwerden der Kündigung auf die zu diesem Zeitpunkt begründeten Forderungen einschließlich etwa noch entstehender Forderungen aus bereits zugesagten Krediten oder Darlehen beschränkt ist.

Sichert die Bürgschaft einen Kontokorrentkredit, kann der Bürge für diesen bis zur Höhe des Saldos in Anspruch genommen werden, der bei Wirksamwerden der Kündigung besteht. Im Falle weiterer Tilgungen haftet er nur bis zur Höhe des niedrigsten bis zum Zeitpunkt der Inanspruchnahme festgestellten Rechnungsabschlußsaldos.
Die Kündigung muß schriftlich erfolgen. Das Recht zur Kündigung aus wichtigem Grund bleibt unberührt.

5.2 Darüber hinaus wird der Bürge auf sein Verlangen mit Wirksamwerden der Kündigung aus der Bürgenhaftung frei, wenn folgende Voraussetzungen vorliegen:
– Der Hauptschuldner hat dem Kreditinstitut eine gleichwertige Ersatzsicherheit bestellt oder
– der Bürge hat dem Kreditinstitut anstelle der Bürgschaft eine andere gleichwertige Sicherheit bestellt.

6 Änderungen

Änderungen der Bürgschaft bedürfen der Schriftform.

7 Gerichtsstand

Soweit sich die Zuständigkeit des allgemeinen Gerichtsstandes des Kreditinstituts nicht bereits aus § 29 ZPO ergibt, kann das Kreditinstitut seine Ansprüche im Klageweg an seinem allgemeinen Gerichtsstand verfolgen, wenn der im Klageweg in Anspruch zu nehmende Bürge Kaufmann oder eine juristische Person im Sinne der Nr. 6 AGB ist oder bei Übernahme der Bürgschaft keinen allgemeinen Gerichtsstand im Inland hat oder später seinen Wohnsitz oder gewöhnlichen Aufenthaltsort aus der Bundesrepublik Deutschland verlegt oder sein Wohnsitz oder gewöhnlicher Aufenthaltsort im Zeitpunkt der Klageerhebung nicht bekannt ist.

8 Rechtswirksamkeit

Sollten Bestimmungen dieser Bürgschaftserklärung ganz oder teilweise der Rechtswirksamkeit ermangeln oder nicht durchgeführt werden, so sollen dennoch die übrigen Bestimmungen wirksam bleiben.

9 Allgemeine Geschäftsbedingungen

Das Kreditinstitut weist ausdrücklich darauf hin, daß ergänzend seine Allgemeinen Geschäftsbedingungen (AGB) Bestandteil der Bürgschaft sind. Die AGB hängen/liegen in den Kassenräumen des Kreditinstituts zur Einsichtnahme aus[1].

10 Einholung von Auskünften und Beschaffung von Unterlagen

Der Bürge hat dem Kreditinstitut jederzeit auf Verlangen seine wirtschaftlichen Verhältnisse offenzulegen. Das Kreditinstitut ist berechtigt, jederzeit die öffentlichen Register sowie das Grundbuch und die Grundakten einzusehen und einfache oder beglaubigte Abschriften und Auszüge zu beantragen, ebenso Auskünfte bei Versicherungen, Behörden und sonstigen Stellen, insbesondere Kreditinstituten, einzuholen, die es zur Beurteilung der Vermögensverhältnisse des Bürgen für erforderlich halten darf.

Ort, Datum	Firma und Unterschrift(en) des Bürgen
Überall, 28.01.99	Norbert Vielhaber

[1] Jeder Vertragspartner des Kreditinstituts erhält ein Exemplar der AGB, soweit noch keine Geschäftsverbindung besteht und der Vertragsabschluß außerhalb des Kreditinstituts erfolgt.

Deutscher Sparkassen Verlag, Stuttgart

Themenbereich 5

Die Bergische Papierkontor GmbH prüft verschiedene Finanzierungsarten

M12
(Fortsetzung)

Kreditinstitut: **Kreis- und Stadtsparkasse Überall**

Bearbeitungsvermerke zum Vordruck 193 820.000
**Unbeschränkte Bürgschaft
Sicherung der Geschäftsverbindung**
für besondere Geschäftsfälle

Geschäftszeichen: 123456789

01.99

Name des Bürgen (mit genauer Anschrift und Beruf)
Herr Norbert Vielhaber, Kaufmann
Unter den Birken 5, 12346 Entenhausen

Hauptschuldner:
Herr Gustav Gans
Möhrenbachstraße 34
12346 Entenhausen

Legitimation des Bürgen:
[X] Pers. bek. u. bereits legitimiert bei Konto 4712
Ausgewiesen durch [ ] Personalausweis / [ ] Reisepaß
Nr. _____ ausgestellt von _____

A. Der Bürge ist nach [ ] eigenen Angaben / [X] Kenntnis des Sachbearbeiters
in Kreditgeschäften erfahren und kann Art und Höhe der Hauptschuld bestimmen.
[X] **Ja, weil** er ein selbständiges Gewerbe als Kaufmann betreibt
[ ] **Nein. Wenn nein,** bitte Vordruck 193 835.000 verwenden! Im Regelfall sollen nur echte Höchstbetragsbürgschaften, die Zinsen und Kosten mit einschließen, mit engem Sicherungszweck hereingenommen werden. Nach der Rechtsprechung kommt die Hereinnahme einer Formularbürgschaft mit weitem Sicherungszweck **nur** bei geschäftserfahrenen Personen in Betracht. Diese müssen **nicht** nur mit Kreditgeschäften vertraut sein, sondern auch rechtlich Art und Höhe der Hauptschuld bestimmen und so auf die Entwicklung ihrer Haftung einwirken können. Dies kann je nach Lage des Einzelfalles bei Geschäftsführern, Allein- oder Mehrheitsgesellschaftern der Hauptschuldnerin (z. B. GmbH) der Fall sein.

Ist der Anlaß für die Bürgschaft ein konkretes Darlehen? [ ] Ja. [X] Nein.
Wenn ja, bitte Vordruck 193 835.000 verwenden! Der Bürge muß nach der Rechtsprechung, wenn Anlaß der Bürgschaftshereinnahme ein konkretes Darlehen ist, nur bei besonderem Hinweis des Kreditinstituts oder enger wirtschaftlicher Beziehung zum Hauptschuldner mit einer Haftungserweiterung rechnen.

Der Bürge hat nach eigenen Angaben
[X] folgendes **Vermögen:** 1,5 Mio Euro Grundbesitz
davon unbelastet
[ ] folgendes **Einkommen:** 1,2 Mio Euro
davon frei verfügbar gem. gesonderter Selbstauskunft[1]

Ist der Bürge aus seinem Einkommen oder Vermögen zur Erfüllung der Bürgschaft in der Lage? [X] Ja.
[ ] **Zum Teil. /** [ ] **Nein.** Der Bürge ist **nicht** oder **nur zum Teil** zur Erfüllung der Bürgenverbindlichkeit in der Lage. Daher sollte seine Bürgschaft grundsätzlich nicht hereingenommen werden. Im vorliegenden Fall wird die Bürgschaft **dennoch** aus folgenden Gründen **befürwortet:**

[ ] Der Bürge hat versichert, daß er innerhalb von _____ über eigene Einkünfte aus
von[1] _____ [ ] monatlich / [ ] jährlich verfügen wird.
[ ] Der Bürge hat eine abgeschlossene Berufsausbildung/Qualifikation als _____
und plant einen Berufs(wieder-)einstieg als _____ zum _____
[ ] Der Bürge hat folgendes Eigeninteresse bzw. folgende Eigenvorteile aus dem verbürgten Kredit angeführt:

[ ] Sonstiger Grund:
Von der Richtigkeit der obigen Angaben habe ich mich anhand folgender beigefügter Unterlagen vergewissert:

B. Eine Belehrung des Bürgen über sein **Widerrufsrecht nach dem Haustürwiderrufsgesetz** ist
[X] **nicht erforderlich,** weil der Vertragsabschluß und ggf. darauf gerichtete Verhandlungen
   [X] ausschließlich in den Geschäftsräumen des Kreditinstituts stattgefunden haben.
   [ ] zwar auch am Arbeitsplatz oder in der Wohnung des Bürgen stattgefunden haben, aber auf dessen vorhergehende Bestellung hin.
[ ] **erforderlich.** Der Bürge wurde am _____ belehrt.[2] [ ] Schufa-Klausel ausgefertigt.

Ort, Datum
Überall, 28.01.99

Unterschrift des Sachbearbeiters, Personal-Nr.
1. Bearbeitet, / 2. Legitimation geprüft u. f. d. Richtigkeit der Unterschrift(en) auf Blatt 2:

– Bitte Blatt 1 vor Unterschriftsleistung abtrennen –

[1] Betrag und Währungseinheit.
[2] Vordruck 182 155.000.

Deutscher Sparkassen Verlag, Stuttgart

A 73

Themenbereich 5

Die Bergische Papierkontor GmbH prüft verschiedene Finanzierungsarten

M13
Berechnung des Annuitätsdarlehens für Franz Mustermann

Berechnung für: Franz Mustermann

ANNUITÄTSDARLEHEN

Ratenfälligkeit: monatlich
Tilgungsverrechnung: monatlich
Zinssollstellung: monatlich

	%	Euro		%	Euro
Nominalbetrag		150.000,00	Nominalzins	6,750	
Bearbeitungsgebühr	0,000	0,00	Anfangstilgung	16,871	25.306,2
Disagio	0,000	0,00	Annuität	23,621	35.431,2
Auszahlungsbetrag	100,000	150.000,00	Leistungsrate		2.952,6
Verrechnungszeit	0 Jahre	0 Monate	Zinssumme		27.150,3
Tilgungsfreie Zeit	0 Jahre	0 Monate	Restschuld		0,0
Tilgungsdauer	5 Jahre	0 Jahre	Restgebühren		0,0
			Effektivzins	6,98	

Ihr Berater

Themenbereich 5

Die Bergische Papierkontor GmbH prüft verschiedene Finanzierungsarten

M 14

Geschichtliche Entwicklung der bp GmbH

Zunächst war das bp, Inh. Wilhelm Hubertus Oberberg (1870 war es noch keine GmbH), ein Ein-Mann-Betrieb. Herr Oberberg machte es sich zum Ziel, seine Kunden mit Papieren aller Art pünktlich und nach deren Wünschen zu versorgen. 1873 lernte er seine Frau kennen, die er 1875 heiratete und die sich fortan um die Buchhaltung kümmerte. So blieb Herrn Oberberg mehr Zeit, neue Kunden zu werben und neue Produkte fast aus aller Welt seinen Kunden anzubieten. Als er feststellte, dass sein Sortiment und sein Kundenstamm zu groß wurden, um die ganze Arbeit allein zu bewältigen, stellte er Herrn Ritter ein. Gemeinsam mit ihm und seiner Frau analysierten sie die anfallenden Tätigkeiten, um herauszufinden, wie die Arbeit am besten aufgeteilt werden könnte. Dabei war es zunächst von Bedeutung, ob sich Herr Ritter auf bestimmte Tätigkeiten, eine Liefer- oder Absatzregion oder auf bestimmte Produkte spezialisieren sollte. Sie einigten sich darauf, dass Herr Ritter ein komplettes Aufgabengebiet übernehmen sollte, hierbei handelte es sich um den Einkaufsbereich. Diese funktionale Einteilung der Aufgabengebiete wurde gewählt, weil die anderen Strukturierungsmöglichkeiten auf Grund des zu schmalen Sortiments sowie der vielen verschiedenen Absatz- und Einkaufsregionen unwirtschaftlich erschienen und nicht viel Erleichterung für Herrn Oberberg versprachen. Mit der gewählten Aufgabenteilung übernahm Herr Ritter die eingeschränkte Verantwortung für seine Ein-Mann-Abteilung und Herr Oberberg war von diesen Tätigkeiten (eigentlich) entlastet. Er wollte jedoch über alle Vorgänge informiert sein. So wurden alle Teilaufgaben, die dem Einkauf zuzuordnen waren, zusammengefasst und anhand einer Stellenbeschreibung fixiert.

Unabhängig vom Kriterium der Entlastung wählte man den Einkaufsbereich, weil Herr Ritter noch sehr jung und unverheiratet war, sodass ihn längere Reisen, die auf Grund fehlender moderner Kommunikationstechniken notwendig waren, weder gesundheitlich noch familiär einschränkten. Gleichzeitig wollte Herr Oberberg selbst seinen treuen Kundenstamm „liebevoll" pflegen und sichergehen, dass in diesem sensiblen Bereich keine Schwierigkeiten auftreten.

Da das Unternehmen weiter expandierte, wurden noch mehr Mitarbeiter eingestellt. Dies führte zu der Einführung von Instanzen. Herr Ritter war der Abteilungsleiter für den Einkauf und Herr Oberberg hatte die Gesamtleitung inne, während seine Frau die Tätigkeiten leitete, die nichts mit dem primären Geschäftsablauf zu tun hatten. Und so wuchs das bp zur heutigen bp GmbH heran, deren jetziger Aufbau sich ganz logisch aus der geschichtlichen Entwicklung des Unternehmens ergibt. Erst 1982 wurde die bp GmbH gegründet, vorher war es noch ein Einzelunternehmen bzw. Familienbetrieb alter Güte mit dem Inhaber Hubertus Oberberg, dem Urenkel von Wilhelm Hubertus Oberberg. Als sich dieser aus der Geschäftsführung zurückzog, wurde 1994 Herr Dr. P. Schönhauser als Geschäftsführer gewonnen, der einen kooperativen Führungsstil moderner Prägung vertritt. Er versuchte, das Unternehmen ganz langsam von der bisher gewohnten zentralisierten Entscheidungsgewalt in Richtung eines modernen dezentral geführten Unternehmens umzustrukturieren. So wurde 1998 die vorerst letzte aufbauorganisatorisch wichtige Entscheidung getroffen. Aus Kostengründen wurde die Lohn- und Gehaltsabrechnung in das Unternehmen verlegt. Es wurde hierzu eine neue Stelle in der Personalsachbearbeitung geschaffen. Diese wurde von der ehemaligen Auszubildenden Thea Trautmann besetzt, die die Anforderungen der erstellten Stellenbeschreibung weitgehend erfüllte.

Aufgaben und Arbeitsmaterialien zum Themenbereich 6:
Kooperation im Handel

Das Bergische Papierkontor sucht nach Möglichkeiten der Kooperation im Papiergroßhandel

Themenbereich 6

Das Bergische Papierkontor sucht nach Möglichkeiten der Kooperation im Papiergroßhandel

Ausgangssituation:

Dr. Schönhauser verfolgt im Fernsehen einen Bericht über aktuelle Entwicklungen bei deutschen Unternehmen. In diesem Bericht werden verschiedene Beispiele gezeigt, die verdeutlichen, dass immer mehr Unternehmen firmenübergreifende Kooperationen eingehen. So arbeiten einige Automobilunternehmen gemeinsam an der Entwicklung eines neuen Motors um die Forschungs und Entwicklungskosten zu reduzieren. Als weiteres Beispiel werden zwei Unternehmen gezeigt, die zum Aufbau ihres Absatzes in der Volksrepublik China eine Verkaufskooperation vereinbarten. Dr. Schönhauser überlegt, ob eine Kooperation auch für das Bergische Papierkontor möglich und sinnvoll ist. Am nächsten Tag erhält Michael Schneider, der Abteilungsleiter Verkauf, daher eine Aktennotiz mit folgendem Inhalt:

Erstellen Sie den Bericht als:

Michael Schneider
Abteilungsleiter Verkauf

Aktennotiz

Von: Geschäftsführer
Zeichen: Sc
An: Abteilungsleiter Verkauf (Michael Schneider)

Die Geschäftsleitung überlegt, ob es sinnvoll ist, mit anderen Unternehmen Kooperationen einzugehen. Vor unserer endgültigen Entscheidung hierüber wollen wir jedoch zunächst allgemein die Sachlage prüfen. Bitte bereiten Sie für mich einen Bericht vor, der Antworten auf die folgenden Fragen gibt:

A. Was genau sind Kooperationen?

B. Welche unterschiedliche Formen von Kooperationen gibt es?

C. In welchen Unternehmensbereichen können Kooperationen grundsätzlich eingegangen werden?

D. Verlieren kooperierende Unternehmen ihre wirtschaftliche und rechtliche Selbstständigkeit?

E. Welche Vorteile haben Unternehmen, die Kooperation eingehen?

Bitte stellen Sie den Bericht bis morgen fertig.

gez. Schönhauser

Versetzen Sie sich in die Lage von Michael Schneider und bearbeiten Sie die oben stehenden Arbeitsaufträge mit Hilfe der beigefügten Materialien.

Themenbereich 6

Das Bergische Papierkontor sucht nach Möglichkeiten der Kooperation im Papiergroßhandel

Folgesituation 1

Dr. Schönhauser hat Ihre Ausarbeitung erhalten und mit Interesse gelesen. Mit Hilfe Ihrer Ausführungen hat er das Wissen erhalten, welches notwendig ist, um konkrete Überlegungen über die Situation des Bergischen Papierkontors anzustellen. Bevor sich Dr. Schönhauser aber mit den Gesellschaftern des Unternehmens bespricht, will er noch einige Fragen klären, die sich mit einer besonderen Form der Unternehmenskooperation beschäftigen, dem Franchising. Auf einem Zettel hat er sich daher die folgenden Notizen gemacht:

Beantworten Sie die offenen Fragen als:

Michael Schneider

Betrifft: Ausarbeitung von Hr. Schneider

Offene Fragen, die noch geklärt werden müssen:

1.1 Wie läuft Franchising in der Praxis ab?

1.2 Welche Vorteile haben Franchisegeber und Franchisenehmer?

1.3 Ist Franchising für das Bergische Papierkontor sinnvoll?

Hr. Schneider sollte diese Fragen noch bearbeiten.

Klären Sie diese Fragen und berichten Sie Dr. Schönhauser in einem kurzen Vortrag über Ihre Arbeitsergebnisse.

Fragen Sie Herrn Meise als:

Dr. Schönhauser

Weitere Arbeitsaufträge

Dr. Schönhauser trifft sich am Wochenende mit seinem alten Schulfreund Willi Meise, der vor 10 Jahren in die USA gezogen ist. Als Dr. Schönhauser von Überlegungen bezüglich einer Kooperation mit anderen Unternehmen berichtet, unterbricht ihn sein Freund:

„In den USA haben viele Händler bereits vor Jahren Rack-jobber-Systeme eingeführt. Ich glaube, du solltest mal prüfen, ob das auch etwas für dein Unternehmen ist."

Im Rahmen des sich anschließenden Gedankenaustausches mit Willi Meise stellen Sie als Dr. Schönhauser die folgenden Fragen:

1.4 Was ist eigentlich ein Rack-jobber-System?
1.5 Was hat dieses System mit Unternehmenskooperationen zu tun?
1.6 Ist ein Rack-jobber-System auch für einen Papiergroßhandel wie das Bergische Papierkontor sinnvoll?

Bearbeiten Sie diese Fragen.

Themenbereich 6

Das Bergische Papierkontor sucht nach Möglichkeiten der Kooperation im Papiergroßhandel

Folgesituation 2

Dr. Schönhauser, Geschäftsführer der Bergischen Papierkontor GmbH, hat sich intensiv mit dem Thema Kooperation beschäftigt und hierzu in den letzten Tagen viele Fachaufsätze gelesen, im Internet recherchiert und die ihm bekannten Geschäftsführer anderer Unternehmen zu den Vor- und Nachteilen von Kooperationen im Handel befragt. Nach dieser umfassenden Informationsrecherche will er die Möglichkeiten einer Kooperation auch für das Bergische Papierkontor untersuchen. Hier sieht er aus seiner jetzigen Sicht die grundsätzlichen Möglichkeiten einer Kooperation in den Bereichen Beschaffung, Lagerung/Transport, Absatz und Verwaltung.

Ohne sich aber weitere Details darüber überlegt zu haben, wie im Einzelnen auf diesen Gebieten eine Kooperation aussehen könnte, hat er die vier zuständigen Abteilungsleiter um eine erste Stellungnahme gebeten. Die entsprechenden Reaktionen liegen Ihnen als Materialien vor.

In die folgenden Überlegungen sind alle Abteilungsleiter und Dr. Schönhauser eingebunden.

Arbeitsaufträge

2.1 Bearbeiten Sie die vorliegenden Reaktionen der Abteilungsleiter Finke, Wolf, Schneider und Deneke im Anhang und fassen Sie die wesentlichen Elemente dieser Reaktionen auf die Anfrage Dr. Schönhausers in **M 2** stichpunktartig zusammen.

2.2 Diskutieren Sie, ob die vorliegenden Reaktionen der vier Abteilungsleiter nachvollziehbar sind.

2.3 Entwerfen Sie aus Sicht von Dr. Schönhauser individuelle Einladungsschreiben an jeden der vier Abteilungsleiter. Gehen Sie hierbei auf die jeweiligen Standpunkte kurz ein.

2.4 Die anstehende Konferenz zum Thema Kooperation wird von Dr. Schönhauser sehr ernst genommen. Um nichts Wesentliches zu vergessen, entwirft er eine Checkliste zur Konferenzvorbereitung. An welche Punkte muss er hierbei denken? Entwickeln Sie eine möglichst vollständige Checkliste, die vor allem organisatorische Aspekte beinhaltet.

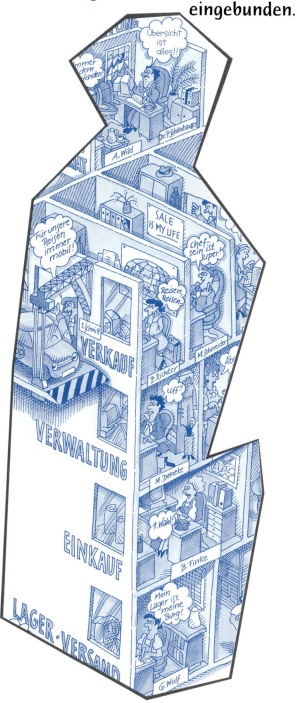

Themenbereich 6

Das Bergische Papierkontor sucht nach Möglichkeiten der Kooperation im Papiergroßhandel

Folgesituation 3

Dr. Schönhauser ist nun fest entschlossen, die Möglichkeiten einer Kooperation im Papiergroßhandel intensiv zu prüfen. Da ihm die Reaktionen der einzelnen Abteilungsleiter vorliegen, will er möglichst schnell die Möglichkeiten und Bedingungen einer Kooperation ausloten. Die diesbezügliche Konferenz findet am 15.03.99 um 15.30 Uhr in den Räumlichkeiten des Unternehmens statt.

Leiten Sie die Diskussion als:

Günter Wolf
Abteilungsleiter Versand und Lager

Arbeitsaufträge

Nachdem Dr. Schönhauser die Konferenz eröffnet hat, schreibt er auf eine Flipchart-Wand die zentralen Fragen der Konferenz auf.

> 3.1. Welche Vorteile bietet uns eine Kooperation mit anderen Unternehmen in den Bereichen Einkauf, Verkauf, Lager/Versand und Allgemeine Verwaltung?
>
> 3.2. Welche Voraussetzungen müssen wir an uns und an unsere Kooperationspartner bei einer Unternehmenskooperation grundsätzlich stellen?

Dr. Schönhauser beauftragt Günther Wolf, die Leitung der Konferenz für diesen Bereich zu übernehmen, da er kurzfristig einen dringenden Termin wahrnehmen muss. Führen Sie die Diskussion in der Klasse. Es sind vier Personen zu bestimmen, die die Rollen von Herrn Wolf (Diskussionsleitung), Herrn Deneke, Herrn Schneider und Frau Finke übernehmen und deren Interessen vertreten. Fassen Sie die Ergebnisse der Konferenz (als Herr Wolf) in einem Ergebnisprotokoll zusammen.

Weitere Diskussionsteilnehmer...

Themenbereich 6

Das Bergische Papierkontor sucht nach Möglichkeiten der Kooperation im Papiergroßhandel

Materialien zum Themenbereich 6

M1

Vorteile des Franchising aus Sicht von Franchisenehmer und Franchisegeber

Vorteile für den Franchisenehmer	Vorteile für den Franchisegeber
•	•
•	•
•	•
•	•
•	•
•	•

M2

Übersicht über die Reaktionen der Abteilungsleiter auf die Kooperationsanfrage von Dr. Schönhauser

Babette Finke	
Günter Wolf	
Michael Schneider	
Manfred Deneke	

Arbeitsblatt

Themenbereich 6
Das Bergische Papierkontor sucht nach Möglichkeiten der Kooperation im Papiergroßhandel

M3
Informationen: Kooperationen und Kooperationsformen

Zum Begriff der Kooperation
Die Wirtschaft in Deutschland ist in den letzten Jahren erheblich in Bewegung geraten. Der Ausbau der ökonomischen Beziehungen innerhalb der Europäischen Union sowie der Prozess der Globalisierung haben die unternehmerischen Bedingungen in Deutschland vollständig verändert.

Liest man die Überschriften der Zeitungen, so hat man den Eindruck, als wenn nur die Unternehmen für die Zukunft gut gerüstet sind, die sich vergrößern. Neben der Unternehmenskonzentration in Form von Fusionen tritt zunehmend auch die Unternehmenskooperation in den Mittelpunkt unternehmerischer Engagements.

Kooperationen sind hierbei als unterschiedliche Formen der unternehmerischen Zusammenarbeit auf verschiedenen betrieblichen Gebieten zu verstehen. Gemeinsam ist allen Kooperationen, dass die kooperierenden Unternehmen die Zusammenarbeit freiwillig durchführen, dass die beteiligten Unternehmen ihre rechtliche Sebstständigkeit vollständig und ihre Teile wirtschaftliche Selbständigkeit weitgehend behalten und dass sie gemeinsame Kooperationsgebiete und -ziele festlegen.

a) Häufige Kooperationsziele von Unternehmen

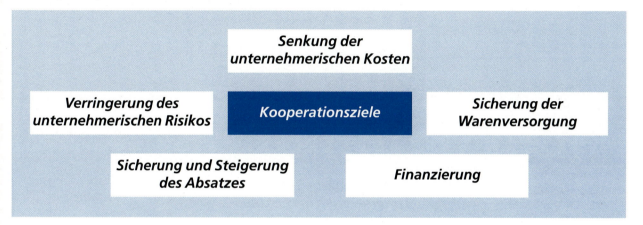

Themenbereich 6
Das Bergische Papierkontor sucht nach Möglichkeiten der Kooperation im Papiergroßhandel

b) Formen von Kooperationen

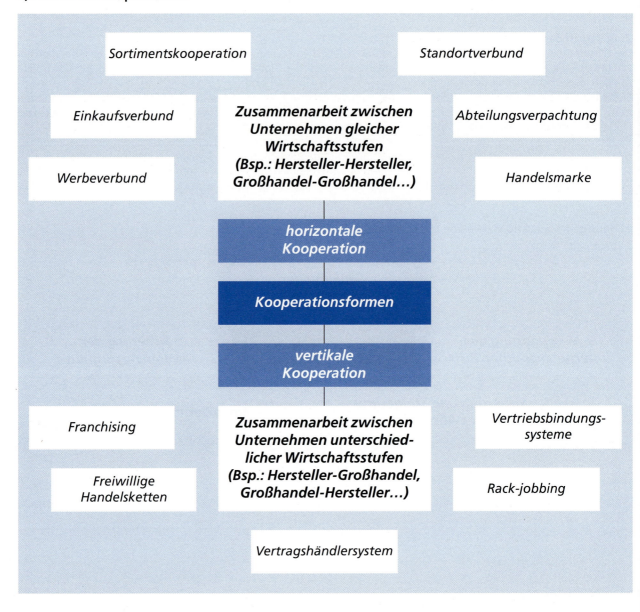

Themenbereich 6

Das Bergische Papierkontor sucht nach Möglichkeiten der Kooperation im Papiergroßhandel

M 4

Grundinformationen: Franchising
Quelle: www.franchise-net.de (Internet)

... Zwei Partner spielen gemeinsam ihre Stärken aus

Ein weiterer Erfolgsfaktor ist die Arbeitsteilung. Die beiden Partner im Franchiseverbund üben jeweils die Funktionen aus, die ihnen auf Grund ihrer Marktposition, ihrer persönlichen Qualifikationen und ihrer finanziellen Mittel am besten entsprechen. Ein zweiter Aspekt der Arbeitsteilung ist die Funktionsbündelung. Der Franchisenehmer wird von möglichst vielen Arbeiten entlastet und kann sich ganz auf den erfolgsentscheidenden Verkauf konzentrieren. Das Franchising kombiniert somit die Vorteile eines Großunternehmens mit den Vorteilen eines mittelständischen Betriebes.

Franchising: Die offizielle Definition

Der Deutsche Franchiseverband V. (DFV) hat eine Definition des Begriffs „Franchising" ausgearbeitet. Demnach betrachtet der Verband alle Vertriebsformen als Franchisesysteme, die der nachfolgenden Definition entsprechen:
Franchising ist ein vertikalkooperativ organisiertes Absatzsystem rechtlich selbstständiger Unternehmen auf der Basis eines vertraglichen Dauerschuldverhältnisses. Dieses System tritt am Markt einheitlich auf und wird geprägt durch das arbeitsteilige Leistungsprogramm der Systempartner sowie durch ein Weisungs- und Kontrollsystem eines systemkonformen Verhaltens. Das Leistungsprogramm des Franchisegebers ist das Franchisepaket. Es besteht aus einem Beschaffungs, Absatz und Organisationskonzept, dem Nutzungsrecht an Schutzrechten, der Ausbildung des Franchisenehmers und der Verpflichtung des Franchisegebers, den Franchisenehmer aktiv und laufend zu unterstützen und das Konzept ständig weiterzuentwickeln.
Der Franchisenehmer ist im eigenen Namen und für eigene Rechnung tätig; er hat das Recht und die Pflicht, das Franchisepaket gegen Entgelt zu nutzen. Als Leistungsbeitrag liefert er Arbeit, Kapital und Information.

Der Franchisegeber

Die typischen Gründer von Franchisesystemen sind Hersteller, Großhandelsunternehmen, Einzelhandelsfilialisten, Verbundgruppen des Handels sowie Innovatoren neuer Geschäftstypen für Handel, Handwerk und Dienstleistung. Jeder Franchisegeber hat eine besondere, unternehmensspezifische Ausgangslage. Entsprechend unterschiedlich sind seine Ziele. Hersteller suchen gewöhnlich im Franchising einen direkten Absatzkanal bis zum Endkunden durchgängig ohne Reibungsverluste, aufnahmefähig auch für produktbegleitende Informationen und Dienstleistungen, transparent, qualifizierbar, steuerbar und sicher.
Mit Franchising überwindet ein Hersteller die völlige Abhängigkeit von fremden (zunehmend in Gruppen formierten) Absatzmittlern, sein Unternehmenserfolg hängt nicht von der Loyalität, dem Einsatz und dem Markterfolg Fremder ab (wie in der klassischen Distribution). Ein Franchisesystem bietet mit relativ geringen Investitionen dieselben Leistungsmerkmale wie eine eigene Vertriebsorganisation und hat darüber hinaus noch den Vorteil der höheren Leistungsfähigkeit durch die Eigeninitiative der Franchisenehmer.
Auch für Großhändler ist ein Franchisesystem im Allgemeinen ein Instrument der Absatzsicherung. Der Trend zu kurzen und direkten Absatzwegen wird immer stärker. Die Industrie sucht (von oben) den direkten Weg zum Endverbraucher; die Einkaufsvereinigungen des Einzelhandels streben (von unten) die direkte Belieferung ihrer Mitglieder durch die Industrie an und übernehmen teilweise selbst die Großhandelsfunktion. Dabei wird Franchising für Großhandelsunternehmen als Instrument der Kundenbindung und Existenzsicherung immer wichtiger.
Die Filialisten des Einzelhandels dringen ständig weiter vor. Filialen verursachen jedoch hohe Personal-Fixkosten. Sie sind daher nur in Gebieten mit relativ dichtem Marktpotential lebensfähig. Außerdem erfordert eine schnelle Expansion erhebliche finanzielle Mittel. In dieser Konstellation bietet Franchising den Filialisten deutliche Vorteile: Sie können ohne große Investitionen schnell expandieren und gewinnen mit ihren Franchisenehmern hoch motivierte Vertriebsstellenleiter.

Themenbereich 6

Das Bergische Papierkontor sucht nach Möglichkeiten der Kooperation im Papiergroßhandel

M 5

Grundinformationen: Rack-jobber-System

Das Rack-Jobbing ist eine aus den USA kommende besondere Form der Kooperation zwischen dem Groß- und dem Einzelhandel. Hierbei mietet der Rack-jobber im Regelfall Regalflächen beim Einzelhandel. Der Rack-Jobber, der auch als „Service Merchandiser" bezeichnet wird, verpflichtet sich im reinen Rack-jobbing dazu, einen bestimmten Regalbereich mit seiner Ware zu bestücken, den Warenbestand zu pflegen und die Werbung für diese Ware zu übernehmen. Das Verkaufsrisiko liegt hierbei alleine bei ihm. Der Einzelhändler erhält für die Bereitstellung der Regalflächen eine Kombination aus Regalmiete und Umsatzbeteiligung. Wird die Ware teilweise oder komplett nicht verkauft, verpflichtet sich der Rack-jobber, die Ware zu seinen Kosten zurückzunehmen. Rack Jobbing ist besonders verbreitet bei Non-Food-Einzelhandelssortimenten.

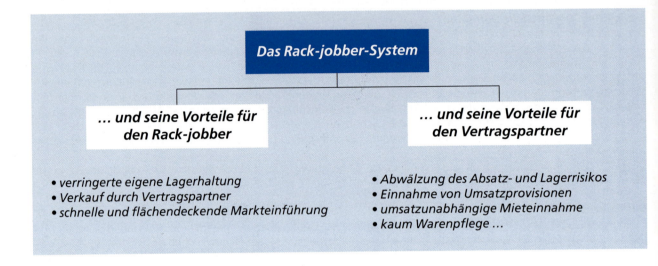

Das Rack-jobber-System

… und seine Vorteile für den Rack-jobber
- verringerte eigene Lagerhaltung
- Verkauf durch Vertragspartner
- schnelle und flächendeckende Markteinführung

… und seine Vorteile für den Vertragspartner
- Abwälzung des Absatz- und Lagerrisikos
- Einnahme von Umsatzprovisionen
- umsatzunabhängige Mieteinnahme
- kaum Warenpflege …

M 6

Voraussetzungen an Kooperationspartner

Das Eingehen von Kooperationen beinhaltet eine mehr oder weniger intensive Zusammenarbeit von mindestens zwei Unternehmen auf einem oder mehreren Gebieten. Bei der Wahl des geeigneten Kooperationspartners sind jedoch einige Grundsätze zu beachten:

- Die Partner müssen vertrauenswürdig sein: Partnerbetriebe, denen man auf Grund ihrer Geschäftspraktiken, ihrer Finanzpolitik oder ihres Umgangs mit den Kunden keine ehrliche und solide Partnerschaft zutraut, sollten bei der Suche nach geeigneten Partnerunternehmen gemieden werden.
- Alle in Frage kommenden Kooperationspartner sollten über Betriebsbereiche verfügen, mit denen man in der Tat Kooperationen eingehen kann. Hierzu gehören organisatorische Strukturen, Unternehmensziele, Distributions- und Absatzwege oder Sortimentsbereiche.
- Kooperationsunternehmen sollten entweder räumlich oder nachrichtentechnisch gut miteinander kommunizieren können, um Kooperationsstrategien schnell und problemlos absprechen zu können.
- Die beteiligten Unternehmen sollten an einer echten Kooperation interessiert sein.

Themenbereich 6
Das Bergische Papierkontor sucht nach Möglichkeiten der Kooperation im Papiergroßhandel

M7
Schriftverkehr zum Thema „Mögliche Kooperationen des Bergischen Papierkontors"
a) MEMO zum Thema: Möglichkeiten der Kooperation im Beschaffungsbereich

Bergisches Papierkontor GmbH

An: Herrn Dr. Schönhauser
Von: Frau Babette Finke

Lieber Herr Schönhauser,

grundsätzlich stehe ich der Sache positiv gegenüber. Wir haben nicht selten das Problem, als recht kleines Großhandelsunternehmen machtvollen Lieferanten gegenüberzustehen. Es gestaltet sich immer schwieriger, günstige Bedingungen auszuhandeln. Im Falle von Kooperationen mit anderen Papiergroßhändlern könnten wir – schon weil dann größere Stückzahlen bestellt würden – Rabatte aushandeln, von denen wir heute nur träumen können. Ferner würden wir Kontakte zu Bezugsquellen bekommen, bei denen wir heute noch nicht bestellen, weil wir sie schlicht und einfach nicht kennen. Der noch nicht beschrittene Weg ins Auslandsgeschäft wäre dann sicherlich auch etwas leichter.
Sie sehen, Herr Schönhauser, mit meiner Unterstützung können Sie rechnen.

Gruß

Babette Finke

Babette Finke
Leitung Einkauf

b) Kurzmitteilung für Herrn Schönhauser zum Thema Kooperation

Bergisches Papierkontor GmbH

Sehr geehrter Herr Schönhauser,

mir ist bekannt, dass mittlerweile auch im Bereich Lager/Versand zwischen Unternehmen kooperiert wird. Normalerweise werden dann die Ziele verfolgt, die Lagerkapazitäten optimal auszulasten bzw. die Versandkosten zu minimieren.
In unserem Falle kann ich Ihnen mitteilen: In Sachen Lagerkapazitäten haben wir, wie Sie wissen, keine Probleme. Sollten wir jedoch in Betracht ziehen, ein weiteres Lager anzumieten oder gar zu kaufen, halte ich es für angebracht, zuvor zu prüfen, ob eine Kooperation auch mit einem Konkurrenten sinnvoller ist.
In Sachen Versand könnte ich mir vorstellen, nach Kooperationsmöglichkeiten zu suchen, da unsere Fahrer einerseits nicht immer ausgelastet sind und häufig auch in den LKWs Platz für halbwegs voluminöse Ware zur Verfügung steht. Andererseits sind sie (das wissen Sie) nicht immer in der Lage, alles pünktlich auszuliefern. Dann bin ich jeweils für Alternativen dankbar.

Mit freundlichen Grüßen

Günther Wolf

Günther Wolf

Themenbereich 6
Das Bergische Papierkontor sucht nach Möglichkeiten der Kooperation im Papiergroßhandel

c)

Bergisches Papierkontor GmbH

Herrn Schönhauser

Ihre Bitte um Prüfung der Kooperationsmöglichkeiten in Sachen Absatz

Sehr geehrter Herr Schönhauser,

einen ähnlichen (Kooperations-)Vorstoß hätte ich in den nächsten Wochen ohnehin vorgenommen, da ich in Sachen Kooperation im Laufe diesen Monats zwei Anfragen erhalten habe, deren Beantwortung meinerseits bis heute noch aussteht. Beiden stehe ich positiv gegenüber:
Ein Großhändler für Bürobedarf fragt nach unserem Interesse an gemeinsamen Werbeaktivitäten, ein anderer fragt nach einer gemeinsamen Handelsmarke. In beiden Fällen könnten wir sofort in konkrete Verhandlungen einsteigen. Klingt doch verheißungsvoll, oder?

Gruß

M. Schneider

M. Schneider
Leiter Verkauf

d)

Lieber Peter,

über deine Bitte bin ich etwas überrascht. Ich wüsste nicht, wie ein Unternehmen unserer Größenordnung und Struktur in Sachen Verwaltung mit anderen kooperieren könnte. Der Trend bei uns geht doch in eine etwas andere Richtung. Vor wenigen Jahren haben wir doch erst den Bereich Lohn- und Gehaltsabrechnung ins Haus geholt und das mit Erfolg.
Ich sehe da für uns kaum Möglichkeiten.

Gruß
Manfred

Aufgaben und Arbeitsmaterialien zum Themenbereich 7:
Außenwirtschaft

Das Bergische Papierkontor verstärkt seine Aktivitäten im Bereich des Außenhandels

Themenbereich 7

Das Bergische Papierkontor verstärkt seine Aktivitäten im Bereich des Außenhandels

Ausgangssituation:

Andreas Krieger verbringt seinen Sommerurlaub mit seiner Familie in Italien. Bei einem Besuch in Florenz kommt Herr Krieger durch Zufall in einem Restaurant mit dem Italiener Giovanni Maseto ins Gespräch. Wie sich in der Unterredung herausstellt, ist Maseto als Vertreter für eine italienische Papierfabrik auch in Deutschland tätig. Herr Maseto erzählt, dass er gerade letzte Woche in der Nähe von Düsseldorf bei einem Kunden war und dass seine Firma erst seit etwa zwei Jahren in diesem Bereich tätig ist. „Die größte Schwierigkeit für mich ist es, mich auf die unterschiedliche Mentalität der Kunden in Deutschland einzustellen. Hier sieht man doch teilweise erhebliche Unterschiede zwischen Italien und Deutschland. Wiederum ganz anders ist es bei unserem Geschäft mit England." Herr Krieger wurde im Gespräch zunehmend interessierter. Für kurze Zeit vergisst er, dass er sich im Urlaub befindet. Ein im Gespräch erwähntes Angebot der italienischen Firma, in der Herr Maseto arbeitet, könnte doch auch für das Bergische Papierkontor interessant werden. Herr Krieger lässt sich daher die Visitenkarte von Herrn Maseto geben und beschließt, Herrn Dr. Schönhauser, den Geschäftsführer, und Babette Finke, seine Abteilungsleiterin, nach dem Urlaub über diese potenzielle Bezugsquelle zu unterrichten.

Vorher informiert er sich über die Begriffe Handelsbräuche und Mentalitäten, indem er sich folgende Fragen stellt.:

A) Im Gespräch erwähnte Herr Maseto, dass es in den verschiedenen Ländern unterschiedliche Mentalitäten und Handelsbräuche gibt. Was meint er damit?
B) Versuchen Sie, die Mentalitäten und Handelsbräuche in Deutschland und einem anderen Land genauer zu bestimmen.
C) In welchen Bereichen könnten sich die in A und B genannten Aspekte beim Tagesgeschäft des Bergischen Papierkontors auswirken?

Beantworten Sie die Fragen als:

Andreas Krieger
Sachbearbeiter im Einkauf

Themenbereich 7

Das Bergische Papierkontor verstärkt seine Aktivitäten im Bereich des Außenhandels

Folgesituation 1

Als Andreas Krieger die Geschäftsleitung und die Abteilungsleiterin Babette Finke über seine Urlaubsgespräche unterrichtet, sind diese der Überlegung, bestimmte Artikel aus Italien zu importieren, grundsätzlich aufgeschlossen. Da das Bergische Papierkontor bislang aber nur wenig Erfahrungen mit dem Import von Sortimentsartikeln hat, drängt Dr. Schönhauser zunächst darauf, einige Fragen im Vorfeld zu klären. Andreas Krieger wird daher beauftragt, Informationen zu verschiedenen Fragen zu beschaffen. Am Ende eines etwa einstündigen Gesprächs stehen verschiedene Aufgaben auf seinem Notizblock:

Klären Sie die Aspekte als:

Andreas Krieger
Sachbearbeiter im Einkauf

Konferenz:
Möglicher Import von Artikeln aus Italien

anwesend:
Dr. Schönhauser, Fr. Finke und Hr. Krieger

bleibt durch mich noch zu klären:

a) Woher bekommen wir Adressen von Bezugsquellen für mögliche Lieferanten aus Italien?

b) Mit welchen möglichen Risiken müssen wir rechnen, wenn wir mit italienischen Firmen ins Geschäft kommen?

Bearbeiten Sie die Punkte, die Herr Krieger auf seinen Notizblock geschrieben hat, und bereiten Sie eine Präsentation in Form eines Kurzvortrages vor.

Themenbereich 7

Das Bergische Papierkontor verstärkt seine Aktivitäten im Bereich des Außenhandels

Folgesituation 2

Babette Finke hat sich beim DIHT und bei der örtlichen IHK nach Informationen zu außenhandelsspezifischen Vertragsvereinbarungen erkundigt. Nach einiger Zeit erhält sie ein Paket mit verschiedenen Broschüren und Informationsblättern. Frau Finke ist erstaunt über die Vielzahl an verschiedenen Regelungen, die im internationalen Handel üblich sind.
Ein Informationsblatt beinhaltet Angaben über so genannte Incoterms, ein anderes Blatt informiert über die gängigen Vereinbarungen zur Qualität, Menge und Verpackung der Ware. Interessant ist auch eine Broschüre, die sich mit den Zahlungsbedingungen im Handel befasst. Babette Finke will sich mit den außenhandelsspezifischen Vertragsvereinbarungen genauer beschäftigen und sagt daher für den kommenden Nachmittag alle Termine ab, um sich in Ruhe mit der komplizierten Materie auseinander zu setzen.
Auf ihrem Terminkalender hat sie sich drei Arbeitsschwerpunkte notiert:

Montag, 15.04.1999
- **allgemeine Vertragsbedingungen**
- **Incoterms**
- **Zahlungsbedingungen**

Versetzen Sie sich in die Situation von Babette Finke und bearbeiten Sie für sie mit Hilfe der beiliegenden Informationen die folgenden Aufgaben.

Bearbeiten Sie die Punkte 2.1 bis 2.3 als:

Babette Finke
Abteilungsleiterin Einkauf

Lösen Sie die nicht leichte Aufgabe 2.4 als:

Andreas Krieger
Sachbearbeiter im Einkauf

Arbeitsaufträge

2.1 Wie ist im Außenhandel die Frage der Qualität, Menge und Verpackung geregelt, wenn keine vertraglichen Vereinbarungen getroffen wurden? Stellen Sie die Regelungen im Außenhandel in einer Matrix den Bestimmungen gegenüber, die für den Handel im Inland nach dem HGB bestehen.

2.2 Was versteht man eigentlich unter Incoterms?

2.3 Babette Finke sind bei ihren Recherchen immer wieder die Incoterms FCA, FOB, DDP, CIF und CIP begegnet. Da dies offensichtlich wichtige Bestimmungen für den Außenhandel sind, will sie wissen, welche Bestimmungen sich genau hinter diesen Bezeichnungen verbergen. Helfen Sie ihr.

2.4 Nach einem arbeitsintensiven Nachmittag, der ihre volle Konzentration erforderte hat sie weder Zeit noch Lust, sich mit der komplizierten Thematik „Dokumentenakkreditiv" und „Dokumenteninkasso" zu befassen. Sie schickt daher Herrn Krieger folgende Notiz:

Lieber Herr Krieger,

würden Sie mich bitte über die Begriffe Dokumenteninkasso und Dokumentenakkreditiv aufklären. Es scheint sich dabei um häufig gewählte Zahlungsformen im Außenhandel zu handeln. Bitte versuchen Sie, die Begriffe grafisch zu erläutern.

Gruß
B. Finke

Ab Seite 287 im Band „Handelsbetriebslehre, Grundwissen" finden Sie interessante Informationen zur Beantwortung dieser Fragen.

Themenbereich 7

Das Bergische Papierkontor verstärkt seine Aktivitäten im Bereich des Außenhandels

Folgesituation 3

Das Bergische Papierkontor ist zunächst einmal an einer Warenein- und -ausfuhr innerhalb der EU interessiert. In einer DIHT-Broschüre hat Babette Finke gelesen, dass der Import von Waren nach bestimmten behördlichen Vorschriften zu erfolgen hat. Da sich Frau Finke auf Grund einiger arbeitsintensiver Geschäftsvorfälle derzeit nicht um die Klärung dieser Angelegenheit kümmern kann, erhält diesmal Franz Seidlitz die folgende Arbeitsanweisung. Bitte übernehmen Sie die Bearbeitung dieser Aufgaben.

Bergisches Papierkontor GmbH

An: Franz Seidlitz
Von: Frau Babette Finke

Hallo Herr Seidlitz,

wie Sie sicher wissen, sind wir derzeit darum bemüht, die Möglichkeiten von Importen aus Italien zu prüfen. Hierbei müssen bestimmte behördliche Abläufe eingehalten werden. Da wir hierzu bislang wenig Detailwissen haben, beauftrage ich Sie mit der Klärung der folgenden Fragen:

3.1. Was genau müssen wir bei der Einfuhr von Waren beachten? Hierbei interessiert mich insbesondere, ob die Wareneinfuhr grundsätzlich nach bestimmten Verfahrensweisen abläuft und ob unsere Waren problemlos genehmigt werden.

3.2. Müssen wir beim Import von Waren mit Zöllen rechnen? Erstellen Sie mir doch bitte einmal eine Auflistung der wichtigsten Zollarten.

3.3. Von der international tätigen Transportunternehmung TransWorld habe ich die beiliegenden Informationen zum Gütertransport erhalten. Prüfen Sie bitte nach:
a) Wird bei Importen eine Importabfertigungspauschale berechnet?
b) Welche Zahlungspositionen sind bei Lieferung zahlbar?
c) Ist ein Zahlungsziel in den Allgemeinen Geschäftsbedingungen vorgegeben?
d) Wie groß darf für den europäischen Versand der Volumengewichtsfaktor sein?
e) Gibt es bei der TransWorld ein Rabattsystem, von dem wir profitieren können?
f) Ist eine Intrastat-Anmeldung im Service der Firma inbegriffen?

Bitte prüfen und Antwort bis übermorgen an mich.

Danke

PS: Wenn wir aus einem EU-Land Ware beziehen, kann man das überhaupt Import nennen? Ich weiß es wirklich nicht.

Sie sind der Empfänger des Schreibens:

Franz Seidlitz
Sachbearbeiter im Einkauf

Themenbereich 7

Das Bergische Papierkontor verstärkt seine Aktivitäten im Bereich des Außenhandels

Folgesituation 4

Dr. Schönhauser hat sich mit Blick auf eine mögliche Ausweitung der Geschäftstätigkeit in Italien zu einem Seminar zum Thema „Dokumente im Außenhandel" angemeldet. Auf dem Seminarplan findet er eine Auflistung der Themen, die auf diesem Seminar behandelt werden sollen:

Transportdokumente:
internationaler Frachtbrief, Konnossement
Zollpapiere:
Warenverkehrsbescheinigung, Zollfaktura, Ursprungszeugnis, Handelsrechnung
Versicherungsdokumente:
Einzelpolice, Generalpolice

Sie sind nun:

Anna Voss
Sachbearbeiterin im Einkauf

Arbeitsaufträge

Bearbeiten Sie die vorliegenden Unterlagen und klären Sie folgende Fragen:

4.1 Erklären Sie die Begriffe Konnossement, Ursprungszeugnis, Handelsrechnung und Einzelpolice.

4.2 Die Geschäftsführung des Bergischen Papierkontors erwägt beim Außenhandel auch in Südostasien aktiv zu werden. Bei den entsprechenden Vertragsverhandlungen mit einem Lieferanten aus Indonesien stehen bei den Lieferbedingungen unter anderem „CIF Jakarta" und „FOB Hamburg" zur Diskussion. Erläutern Sie für beide Lieferbedingungen, wer welche Kosten übernimmt, wer die entsprechenden Schiffsräume zu besorgen hat und wo die Gefahr übergeht. Berechnen Sie mit den Unterlagen der TransWorld GmbH beispielhaft die Transportkosten in Euro für ein Paket mit 25 kg von Wuppertal nach Indonesien und geben Sie an, wie lange ein solches Paket unterwegs sein würde.
Bitte beachten Sie, dass die Angaben in M 9 und M 10 DM-Werte sind. Es wird um selbstständige Umrechnung gebeten. (1 Euro = 1,95583 DM)

4.3. Bei einem Import von Telefax-Rollen aus Italien muss das Bergische Papierkontor ein Intrastat-Formular ausfüllen. Übernehmen Sie diese Aufgabe, soweit dies möglich ist, mit den beiliegenden Informationen für Frau Voss.
Bestellung:
Telefax-Rolle 25 mm Hülsenkern, 21,6 cm Rollenbreite), 50 Kartons · 6 Rollen zum Preis von 49,82 Euro, Liefertermin: 12.06.1999, Gewicht 310 kg Lieferung frei Haus per LKW des Lieferanten „Spunella spa, Via Remolu, Roma". Warennummer 135792PZ12358911012; Ländercode Italien: IT

4.4. Das Bergische Papierkontor hat seine ersten Geschäfte mit der italienischen Firma „Antonelli spa" über einen Gesamtwert von 200.000 italienische Lire abgeschlossen. Die an das italienische Unternehmen verkauften Artikel wurden mit einem Zahlungsziel von vier Wochen verkauft und in italienischer Währung fakturiert. Bei Zahlungseingang betrug der Devisenkurs für die italienische Lira 1,0058 (Geld) und 1,0138 (Brief). Bei Vertragsabschluss lauteten die Kurse 1,0138 (Geld) und 1,0238 (Brief).
a) Wie hoch war der Gewinn bzw. der Verlust für das Bergische Papierkontor aus dieser Wechselkursveränderung?
b) Hätte sich das Bergische Papierkontor gegen das Währungsrisiko absichern können?

Nutzen Sie neben den Materialien im Teil B Ihr Lehrbuch, z. B. unsere HBL 1, Themenbereich 7.

Themenbereich 7

Das Bergische Papierkontor verstärkt seine Aktivitäten im Bereich des Außenhandels

Materialien zum Themenbereich 7

M1
Antrag auf Einfuhrgenehmigung
(Musterformular)

EUROPÄISCHE GEMEINSCHAFT   VORDRUCK N

1 Umsatzst.-Nr.   Zusatz   Bundesl. FA
Auskunftspflichtiger (Name und Anschrift)

Eingang X

INTRASTAT

2 Monat/Jahr   3

4 Umsatzst.-Nr.   Zusatz   Bundesl. FA
Drittanmelder (Name und Anschrift)

5 Wir melden die Werte in vollen
1 ☐ DM
2 ☐ Euro
bitte ankreuzen X

– Statistische Meldung –
An das Statistische Bundesamt
Außenhandelsstatistik
D-65180 Wiesbaden

6 Warenbezeichnung

7 Pos.-Nr.   8 Vers.-Land/Best.-Reg. a b   9 Lieferbed.   10 Art   11 V   12 Entladehafen

13 Warennummer   14 Urspr.-L.   15 Stat. Verfahren

16 Eigenmasse in kg   17 Besondere Maßeinheit

18 Rechnungsbetrag   19 Statistischer Wert

Quelle: Formularverlag Purschke und Hensel, Berlin

M2
Matrix zu Aufgabe 2.1

	gesetzliche Regelung im Inland	gesetzliche Regelung im Ausland
Regelungen zur Qualität		
Regelung zur Menge		
Regelung zur Verpackung		

Themenbereich 7

Das Bergische Papierkontor verstärkt seine Aktivitäten im Bereich des Außenhandels

M3
Basisinformationen zu Mentalitäten und Handelsbräuchen
Quelle: DIHT – Publikation: Was wir tun – Leistungsprofil der Industrie- und Handelskammern

Der Handelsbrauch ist eine kaufmännische Gepflogenheit, die in verschiedenen Branchen über Jahre hinweg geübt, ungeschriebenes Gesetz wird und zwischen Kaufleuten zu beachten ist. Das macht die IHK: Die IHK ermittelt durch Befragung der an der streitbefangenen Übung möglicherweise beteiligten Unternehmen, ob ein behaupteter Handelsbrauch besteht. Dabei wird die IHK nur auf Anforderung durch die Gerichte tätig, Privatgutachten können nicht erstattet werden, schon um die nötige Unparteilichkeit und Objektivität zu sichern. Eine derartige Befragung kann auch bundesweit dann über den DIHT erfolgen.

M4
Übersicht zu den Risiken im Außenhandel
Quelle: Frankfurter Sparkasse – Informationen aus dem Internet 1/99, (http://www.fraspa1822.de)

Die Risiken im Auslandsgeschäft sind vielfältiger Art. Zum einem unterliegt jedes Außenhandelsgeschäft politischen sowie auch wirtschaftlichen Risiken, sodass jeder im Außenhandel Beteiligte (einschließlich der Kreditinstitute) sich zunächst mit den spezifischen Auslandsrisiken (Länderrisiken) sowie den Bonitätsfragen des ausländischen Vertragspartners (Schuldnerrisiken) auseinander setzen muss.
Folgende Risiken sind zu beachten.

Für Sie als Importeur:
- Liefer-/Erfüllungsrisiko
- Anzahlungsrisiko
- Qualitätsrisiko

Für Sie als Exporteur:
- Abnahmerisiko
- Zahlungsrisiko
- Länderrisiko/politisch

Für einen der beiden Partner:
- Transportrisiko
- Kurs-/Währungsrisiko

M5
Grundinformationen: Incoterms
Quelle: Frankfurter Sparkasse – Informationen aus dem Internet 1/99, (http://www.fraspa1822.de)

In den Lieferbedingungen eines Außenhandelsvertrags wird zwischen den Parteien vereinbart, wer welche Rechte und Pflichten im Zusammenhang mit der Warenlieferung hat und wie die Verteilung der Kosten sowie der Gefahrenübergang geregelt sein sollen.
Die Internationale Handelskammer, Paris, hat seit 1936 so genannte INCOTERMS (International Commercial Terms) entwickelt, die zur Zeit in der Fassung von 1990 gelten. Diese Incoterms sind ein Hilfsmittel, welches die im internationalen Handel Tätigen freiwillig ihren Vertragsbedingungen unterlegen können.
Die Incoterms 1990 gliedern sich in vier Gruppen wie folgt:

E-Klausel - Abholklausel:
Der Verkäufer hat dem Käufer die Ware auf eigenem Gelände zur Verfügung zu stellen; danach Gefahr und Kostenübergang auf den Käufer.
- EXW: Ab Werk (ex works)

F-Klausel - Haupttransport vom Verkäufer nicht bezahlt:
Der Verkäufer ist verpflichtet, die Ware an einen vom Käufer benannten Frachtführer zu übergeben.
- FCA: Frei Frachtführer (free carrier)
- FAS: Frei Längsseite Schiff (free alongside ship)
- FOB: Frei an Bord (free on board)

C-Klausel - Haupttransport vom Verkäufer bezahlt:
Der Käufer trägt das Risiko des Verlusts oder der Beschädigung der Ware, der Verkäufer die Transportkosten.
- CFR: Kosten und Fracht (cost and freight)
- CIF: Kosten, Versicherung, Fracht (cost, insurance, freight)
- CPT: Frachtfrei (carriage paid to)
- CIP: Frachtfrei versichert (carriage and insurance paid to)

D-Klausel - Ankunftsklauseln:
Der Verkäufer trägt alle Kosten und alle Risiken.
- DAF: Geliefert Grenze (delivered at frontier)
- DES: Geliefert ab Schiff (delivered ex ship)
- DEQ: Geliefert ab Kai, verzollt (delivered ex quai)
- DDU: Geliefert unverzollt (delivered duty unpaid)
- DDP: Geliefert verzollt (delivered duty paid)

Themenbereich 7

Das Bergische Papierkontor verstärkt seine Aktivitäten im Bereich des Außenhandels

M 6

Informationen zum Import
Quelle: Industrie- und Handelskammer zu Aachen, März 1999

I. Allgemeines

Seit es Staaten oder staatsähnliche Gemeinwesen gibt, werden zum Schutz der nationalen oder internationalen Wirtschaftseinheit an den Grenzen Zölle und Steuern erhoben und gegebenenfalls andere handelspolitische Maßnahmen (z.B. Einfuhrgenehmigungspflicht) als Regelungsgegenstand des Außenwirtschaftsrechts getroffen.
Jedes einheitliche Wirtschaftsgebiet ist um einen wirksamen Außenschutz bemüht. Hervorzuheben ist, dass das deutsche Außenwirtschaftsrecht vom Liberalisierungsprinzip geprägt ist. Der Waren-, Dienstleistungs-, Kapitalverkehr mit fremden Wirtschaftsgebieten - abgesehen von bestimmten Ausnahmen - ist grundsätzlich frei.

Deshalb stellen sich bei einem Import immer wieder die folgenden Fragen:
Unter welchen Voraussetzungen darf ich eine Ware importieren?
Welche Dokumente sind erforderlich?
Wie hoch sind die Einfuhrabgaben?
Wo sind die Formalitäten zu erledigen?

Dieses „Merkblatt" soll insbesondere angehenden Importunternehmen eine Orientierungshilfe sein. Ein Beratungsgespräch bei der Kammer oder bei der Zollverwaltung kann das Merkblatt nicht ersetzen.
Die geschäftsmäßigen Voraussetzungen für ein Importgeschäft sind:
eine Gewerbeanmeldung beim zuständigen Ordnungs- bzw. Gewerbeamt der Stadt oder Gemeinde; je nach Größenordnung des Unternehmens ist eine Eintragung ins Handelsregister bei dem zuständigen Amtsgericht erforderlich. Diese ist über einen Notar zu veranlassen. Gewerbebetreibende aus Drittstaaten benötigen eine Aufenthaltsgenehmigung für Deutschland, die eine selbstständige gewerbliche Tätigkeit ausdrücklich zulässt.

II. Extrahandel (= Handel mit Ländern außerhalb der EU)

Importe aus Drittländern
Die Staatsgebiete der Mitgliedstaaten der EU entsprechen grundsätzlich dem Zollgebiet der Gemeinschaft. Ein Import ist begrifflich nur aus nicht zur Europäischen Union (EU) gehörenden Gebieten (Drittländern) möglich. Die Verbringung einer Ware von Belgien nach Deutschland ist ebensowenig ein Import wie der Versand von Rheinland-Pfalz nach Nordrhein-Westfalen. Der Warenverkehr der EU mit Drittländern (Extrahandel) ist vom Warenverkehr der EU-Mitgliedstaaten untereinander (Intrahandel) streng zu unterscheiden.
Die Importe aus Drittländern unterliegen dem Regelwerk des Zollkodex und der anderen Zoll-und Steuervorschriften sowie dem Außenwirtschaftsrecht (AWR). Nur solche Warenbewegungen bedürfen der Abfertigung durch die Zollstelle in zoll-, steuer- und außenwirtschaftsrechtlicher Hinsicht.
Die Einfuhrabgaben ergeben sich aus dem jeweiligen TARIC-Code, der im „Deutschen Gebrauchszolltarif" (DGebrZT) nachgeschlagen werden kann.

Einfuhrabgaben in der EU sind:
a) Zölle als Abgaben der EU
b) Verbrauchsteuern, inkl. der Einfuhrumsatzsteuer als nationale Abgaben.
Die Erhebung anderer Abgaben bzw. Gebühren ist unzulässig. Allerdings können Gebühren für besondere Dienstleistungen möglich sein - z. B. für die Abfertigung außerhalb der Öffnungszeiten der Zollstelle auf besonderen Antrag des Beteiligten.

Zölle
Zu den Zöllen gehören neben dem Zoll-Euro auch die Antidumping- und Ausgleichszölle sowie die Agrarzölle. Die Abgabensätze werden durch gemeinschaftliche Rechtsakte festgesetzt und gelten in der gesamten EU. So wendet z. B. die italienische Zollverwaltung dieselben Zollsätze an wie die deutsche Finanzbehörde.
Agrarzölle werden bei bestimmten Agrarwaren erhoben, um den niedrigen Weltmarktpreis auf den EU- Erzeugerpreis anzuheben. Damit wird die Existenz der Landwirtschaft in der EU geschützt.
Abweichend vom normalen Zollsatz kann u. U. eine Vorzugsbehandlung (= Präferenz) auf Antrag in Betracht kommen. Die Präferenz kann in einem Zollverzicht oder einem ermäßigten Zollsatz bestehen. Sie findet für Waren Anwendung, die ihren Ursprung in bestimmten Ländern oder Gebieten haben, mit denen die EU die Anwendung von Präferenzzöllen vereinbart hat (z.B. im Warenverkehr mit Polen) oder einseitig Vorzugsbehandlungen gewährt (z. B. den Entwicklungsländern).

Einfuhrumsatzsteuer
Bei der Einfuhrumsatzsteuer (EUSt) handelt es sich um eine besondere Erhebungsform der Umsatzsteuer mit einem Regelsatz von derzeit 16%. Sie wird in ihrer Funktion als Grenzausgleich erhoben, um einen Importeur nicht besser zu stellen als einen Abnehmer, der eine Ware im Inland erwirbt.
Für vorsteuerabzugsberechtigte Unternehmer ist die EUSt lediglich ein „durchlaufender Posten", weil gezahlte EUSt als Vorsteuer abgezogen und damit als eine Forderung gegenüber dem Finanzamt geltend gemacht werden kann.

Themenbereich 7

Das Bergische Papierkontor verstärkt seine Aktivitäten im Bereich des Außenhandels

M 6 (Fortsetzung)

Verbrauchsteuern
Sie werden bei der Einfuhr von Bier, Tabak, Alkohol und Mineralöl erhoben nach denselben Sätzen, wie diese Waren auch bei ihrem Verlassen aus einem inländischen Steuerlager (z. B. nach ihrer Herstellung) besteuert werden.
Welche Papiere sind bei Einfuhrabfertigung notwendig?
Die erforderlichen Dokumente ergeben sich aus Art. 218 Zollkodex-DVO

Grundsätzlich erforderliche Papiere:
Einfuhrzollanmeldung
Im kommerziellen Verkehr ist eine schriftlichen Zollanmeldung grundsätzlich erst ab einem Warenwert von 1.600,- DM (= 818,07 €)erforderlich. Bei einem Warenwert von weniger als 1.600,- DM kann der Antrag mündlich gestellt werden. Die Zollanmeldung ist nach dem Muster des Einheitspapiers zu stellen. Der Vordruck „Einheitspapier" ist bei jeder IHK und im einschlägigen Vordruckhandel erhältlich. Es kann der Vordruck Nr. 0747 mit Ergänzungsvordruck Nr. 0748 aber auch jeder andere Vordruck, der die Exemplare Nrn. 6, 7, und 8 des Einheispapiers enthält, für die Einfuhrabfertigung verwendet werden. Durch Eintrag bestimmter Codierungen im Feld Nr. 1, „Anmeldung", wird der Antrag auf die Verfahrensart ausgesprochen (z. B. IM 4 = Antrag auf „Überführung in den zoll- und steuerrechtlich freien Verkehr"). Die Anmeldung ist nach dem Merkblatt zum Einheitspapier auszufüllen (Achtung! Wer zum ersten Mal eine Zollanmeldung ausfüllt, benötigt Zeit). Das Merkblatt ist dabei eine unverzichtbare Orientierungshilfe. Es kann bei der IHK käuflich erworben werden oder im Internet abgerufen werden: (http://www.bundesfinanzministerium.de....).

Zollwertanmeldung D.V. 1 (declaration of value)
Sofern die Importware einem Wertzoll unterliegt, ist neben der eigentlichen Zollanmeldung eine Anmeldung über den Zollwert abzugeben. Sie dient den Zollbehörden zur Prüfung, nach welcher Methode der Zollwert zu ermitteln ist und ob der Preis der Ware in irgendeiner Form beeinflußt wurde. Die Zollstelle verzichtet in der Regel auf die Abgabe einer Zollwertanmeldung bei einem Zollwert der eingeführten Ware bis 5.000 Euro (= ca. 10.000,- DM). Der Zollwert ist der „Frei EU-Außengrenze-Preis".

Rechnung, auf deren Grundlage der Zollwert angemeldet wird.

Warenverkehrsbescheinigung (WVB)
Sofern die Anwendung einer Präferenz (Zollbegünstigung) beantragt wird, z. B. eine WVB EUR 1, präferentielle Ursprungserklärung, oder ein Formblatt A. Die Inanspruchnahme einer Präferenz ist nicht zwingend.

Ursprungszeugnis (UZ)
Nur erforderlich, soweit die Waren in Spalte 3 des Deutschen Gebrauchszolltarif (DGebrZT) unter Einfuhrhinweise mit „U" gekennzeichnet sind, z. B. für Waren des Textilbereichs aus den Kapiteln 50 - 63 des DGebrZT.

Ursprungserklärung (UE)
Nur erforderlich für Waren der Kapitel 50 - 63 des DgebrZT, die unter Einfuhrhinweise mit „UE" gekennzeichnet sind.
Die UE ist vom Exporteur oder Lieferanten zu erstellen; sie soll auf der Rechnung oder auf einem anderen geschäftlichen Beleg vermerkt sein. Soweit ein Ursprungszeugnis vorgelegt wird, ist die UE entbehrlich. Diese Erklärung ist außenwirtschaftsrechtlicher Natur und ist nicht mit der Ursprungserklärung nach dem Präferenzrecht zu verwechseln (siehe WVB).

Einfuhrgenehmigung (EG)
Nur erforderlich, soweit aus außenwirtschaftsrechtlichen Gründen vorgeschrieben-. Im Regelfall ist keine Einfuhrgenehmigung notwendig. Wareneinfuhren können dem Genehmigungsvorbehalt unterworfen werden, um bestimmte Märkte in der EU zu schützen. Insbesondere Textilien unterliegen einer Genehmigungspflicht. Genehmigungen werden vom Bundesamt für Wirtschaft (BAW) erteilt.
Eine etwaige Genehmigungspflicht ist aus der Einfuhrliste als Anlage zum Außenwirtschaftsgesetz erkennbar. Die Hinweise in der Einfuhrliste sind auch in Spalte 3 des DGebrZT als integrierter Teil unter Einfuhrhinweise abgedruckt.

Einfuhrlizenz (EL)
Nur erforderlich für die Einfuhr bestimmter Agrarwaren, soweit sie im Rahmen einer gemeinsamen Marktorganiation oder Handelsregelung vorgeschrieben sind.

Einfuhrkontrollmeldung (EKM)
Die EKM ist ein besonderes Meldepapier mit erheblicher fachlicher Bedeutung für die auswertenden Dienststellen (z. B. für die Marktbeobachtung, Freigabe von Kautionen oder Überwachung von Einfuhrquoten), insbesondere bei Waren des Ernährungsbereichs. Die EKM ist grundsätzlich vorzulegen, wenn die Ware in der Einfuhrliste mit den Buchstaben „EKM" gekennzeichnet ist. Die EKM ist ein Mehrstück des Exemplars Nr.6 der Einfuhrzollanmeldung und wird bei der Ausfüllung der Einfuhrzollanmeldung miterstellt.

Themenbereich 7

Das Bergische Papierkontor verstärkt seine Aktivitäten im Bereich des Außenhandels

M 6 (Fortsetzung)

Überwachungsdokument (ÜD) - früher Einfuhrerklärung (EE oder EEG)
Wenn in Spalte 3 des DGebrZT unter Einfuhrhinweise durch „ÜD" darauf hingewiesen ist. Es ist nur abzugeben, sofern dies in außenwirtschafts- oder marktordnungsrechtlichen Vorschriften vorgesehen ist.

Wie müssen die Importwaren angemeldet werden?
Zur Beurteilung der einschlägigen Einfuhrbestimmungen reichen allgemeine Angaben wie „Bekleidung" oder „Chemikalien" grundsätzlich nicht aus. Jede Ware ist unter Angabe der neunzehnstelligen Warennummer in Feld 33 im Einheitspapier zu einem Zollverfahren, in der Regel zur „Überführung in den zollrechtlich freien Verkehr" anzumelden. Die ersten acht Ziffern dieses Codes sind mit dem zolltariflichen Code (Kombinierten Nomenklatur) und dem Warenverzeichnis für die Außenhandelsstatistik identisch.
Die zutreffende Warennummer (in diesem Zusammenhang spricht man auch von Einreihen der Ware in den Zolltarif), ist Grundlage für alle weiteren Entscheidungen und Maßnahmen. Die Ware ist daher mit ihren Beschaffenheitsmerkmalen nach dem Sprachgebrauch und der Verkehrsanschauung anzumelden (z. B. H-Profil aus Eisen, warmgewalzt, Höhe weniger als 80 mm). Im Einzelfall kann die bloße Wiedergabe des Textes nach dem Warenverzeichnis bzw. der Kombinierten Nomenklatur verfehlt sein (wie z. B. „anderer Druck"; richtig wäre z. B. Handelskatalog). Je nachdem kann auch eine weitergehende Warenansprache erforderlich sein (z. B. Mäntel für Frauen, aus Baumwolle mit einem Stückgewicht von 1 kg oder weniger).
Aus Gründen der Rechtssicherheit erteilt die Zollbehörde auf schriftlichen Antrag eine verbindliche Zolltarifauskunft, die die Zollbehörde gegenüber dem Berechtigten hinsichtlich der zolltariflichen Einreihung der Waren bindet.

Welcher Wert ist Grundlage für die Verzollung?
Der Zollwert ist die zentrale Bemessungsgrundlage für die Erhebung der Einfuhrabgaben. Im Regelfall ist dies der „Transaktionswert", d. h. der tatsächlich gezahlte oder zu zahlende Rechnungspreis „frei Ort des Verbringens" in das Zollgebiet der Gemeinschaft (frei Ort Außengrenze der EU). Dieser Wert muß alle Kosten beinhalten, die der Käufer bis zum Ort des Verbringens (OdV) aufwenden muß, um die Ware zu erhalten; dies sind insbesondere die Transport- und Versicherungskosten. Kosten über die Außengrenze hinaus gehören nicht zum Zollwert. Dies gilt insbesondere für Beförderungskosten innerhalb des Zollgebiets der EU. Derartige Beförderungskosten sind jedoch getrennt auszuweisen. Preisermäßigungen, (z.B. Skonto, Rabatte) die im Zeitpunkt der Einfuhrabfertigung feststehen, werden zollwertmindernd anerkannt und reduzieren damit auch die Einfuhrabgaben.
Der Zollwert ist daher besonders sorgfältig zu ermitteln.

Zuständigkeiten
Grundsätzlich kann jede Zollstelle innerhalb der EU die Überführung von Waren in ein Zollverfahren vornehmen. Aus umsatzsteuerrechtlichen Gründen ist es jedoch ratsam, die Ware dort in den freien Verkehr zu überführen, wo der Einführer/ Anmelder seinen Sitz hat.

Für bestimmte Waren (insbesondere Waren, die Verbote und Beschränkungen bei der Einfuhr unterliegen) sind bei der Gestellung der Ware die sachliche Zuständigkeit sowie die Öffnungszeiten der jeweiligen Zollstelle zu beachten, z. B. bei beabsichtigter Einfuhr von Wein oder handgeknüpften Teppichen.

Was noch zu beachten ist
Zum Schutz einer Vielzahl sonstiger Rechtsgüter bestehen Verbote und Beschränkungen (VuB) für den Warenverkehr über die Grenze. Sie sind daher vom Einführer ebenfalls entsprechend zu beachten. Hierüber geben die spezialgesetzlichen Regelungen über Einfuhr-, Ausfuhr- und Durchfuhrverbote oder über sonstige Verkehrsbeschränkungen Auskunft.

Dazu gibt es im Deutschen Gebrauchs-Zolltarif die Hinweiszeichen „VuB", die zumindest ein Orientierung auf bestehende Verbote oder Beschränkungen geben. Nähere Informationen darüber, ob gegebenenfalls VuB bestehen, sind auch über die Industrie- und Handelskammer oder über das zuständige Zollamt zu erhalten.

III. Intrahandel

Innergemeinschaftlicher Erwerb von Gegenständen aus EU-Ländern
Im Warenverkehr zwischen den EG-Mitgliedstaaten (Intrahandel) ist anstelle der früher durch die Zollverwaltung an der Binnengrenze erhobenen Einfuhrumsatzsteuer (EUSt) die „Steuer auf den Erwerb" zu entrichten. Der innergemeinschaftliche Erwerb einer Ware aus einem anderen Mitgliedstaat ist vom Erwerber in der Umsatzsteuervoranmeldung dem zuständigen Finanzamt zur Versteuerung anzumelden.
Bemessungsgrundlage für die Steuer auf den Erwerb ist das vom Lieferant in Rechnung gestellte Entgelt. Bemessungsgrundlage und Steuerbetrag sind aufzuzeichnen und in der Umsatzsteuervoranmeldung anzugeben. Der Steuerbetrag kann mit gleicher Voranmeldung als Vorsteuer wieder abgezogen werden, so dass kein tatsächlicher Zahlungsvorgang damit verbunden ist.
Diese Verfahrensweise gilt für Lieferungen/ Erwerbe zwischen Unternehmen in den Mitgliedstaaten, die jeweils über eine Umsatzsteuer-Identifikationsnummer verfügen.

Themenbereich 7

Das Bergische Papierkontor verstärkt seine Aktivitäten im Bereich des Außenhandels

M 6 (Fortsetzung)

Intrahandelsstatistik

Das neue Besteuerungssystem auf den Erwerb einer Ware verpflichtet grundsätzlich alle Lieferer/ Erwerber (Marktteilnehmer) von Gemeinschaftswaren monatlich eine gesonderte Meldung für die Intrahandelsstatistik abzugeben. Sie dient dem Zweck, unverzichtbare aktuelle Daten über den innergemeinschaftlichen Handel bereitzustellen.

Befreit von dieser Meldepflicht sind Importeure, die im Vorjahr Waren mit einem Wert von weniger als 200.000,– EURO bezogen haben sowie Privatpersonen.

Zusammenfassende Meldungen

Die am „gemeinschaftlichen Handel" als Lieferant teilnehmen, müssen für umsatzsteuerliche Zwecke Mindestdaten über ihre innergemeinschaftlichen Lieferungen im Rahmen „Zusammenfassender Meldungen" abgeben. Diese sind erforderlich, um auch weiterhin eine ordnungsgemäße Besteuerung sicherzustellen und damit neben dem Steueraufkommen auch die Wettbewerbsgleichheit für die beteiligten Unternehmen zu sichern.

M 7

Übersicht: Mögliche Zahlungsbedingungen im Außenhandel

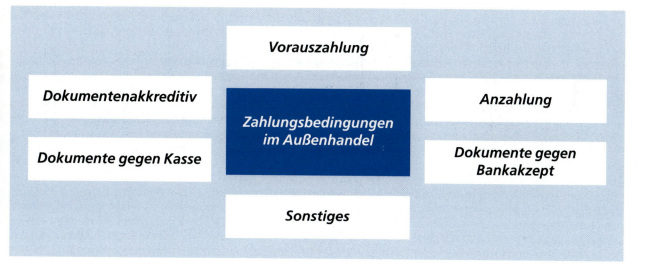

Themenbereich 7

Das Bergische Papierkontor verstärkt seine Aktivitäten im Bereich des Außenhandels

M 8

Startschuß: Der Euro kommt
Quelle: Bundesverband deutscher Banken (Hrsg.), SCHUL/BANK 12/98, S. 3

... Der Euro kommt schrittweise: Mit der Einführung am 1. Januar 1999 als gemeinsame Währung der elf Teilnehmerländer wird der erste Schritt getan. Der zweite folgt ab dem 1. Januar 2002, wenn das neue Geld in Umlauf gebracht wird. Dazwischen liegt eine dreijährige Übergangszeit. Während dieses Zeitraums ist der Euro zwar schon die einheitliche und eigenständige Währung aller Teilnehmerstaaten, er ist jedoch noch kein gesetzliches Zahlungsmittel, das heißt, niemand kann gezwungen werden, ihn als Zahlung anzunehmen. Dazu wird er erst mit der Ausgabe des Bargeldes.

Ändert sich denn dann überhaupt etwas? Ja und nein. Zunächst: Beim Barzahlungsverkehr bleibt erst einmal alles beim Alten. Solange es noch kein Euro-Bargeld gibt, bleiben in den einzelnen Ländern die jeweiligen nationalen Währungseinheiten gesetzliche Zahlungsmittel. Jeder, der hier zu Lande bar bezahlt, muss also weiterhin D-Mark-Noten und Münzen verwenden. Und auch wer in Euroland verreist und bar bezahlen möchte, muss ebenfalls nach wie vor nationale Münzen und Noten tauschen. Dabei gibt es natürlich keine Wechselkursschwankungen mehr, der Devisentausch ist ein reiner Rechenvorgang. Das jeweilige nationale Geld verliert allerdings ab dem 1. Januar 1999 seinen Charakter als eigenständige Währung. D-Mark, Gulden, Franc & Co sind ab dann nur noch Untereinheiten der neuen Währung. Das Verhältnis von Euro und D-Mark ist also jenem vergleichbar, das zwischen D-Mark und Pfennig besteht: Eine Zahlungsverpflichtung über 50 DM ist identisch mit einer solchen über 5.000 Pfennig. Ebenso ist eine solche über 100 Euro identisch mit einer über (ungefähr) 196,05 DM. Das gilt natürlich auch für die bisherigen Währungen der anderen Teilnehmerländer. Während der Übergangszeit gibt es also in Euroland eine Währung und mehrere Zahlungsmittel.

Und wo ist der Euro? Ab dem 1. Januar 1999 kann jeder den Euro verwenden, allerdings nur im bargeldlosen Zahlungsverkehr oder in Verträgen. Dabei darf jedoch niemand zum Einsatz des Euro gezwungen werden. Während der Übergangszeit gilt der Grundsatz: „Keine Behinderung, aber auch kein Zwang."

Die ersten, die den Euro einsetzen werden, sind die Banken: Die einzelnen Notenbanken haben ihren gesamten Zahlungsverkehr innerhalb des Europäischen Systems der Zentralbanken und mit Geschäftsbanken auf den Euro umgestellt. In Deutschland haben die Kreditinstitute vereinbart, alle Zahlungen untereinander, also auch die Weiterleitung von D-Mark-Zahlungsaufträgen ihrer Kunden, einheitlich in Euro zu leisten.

Aber auch die Bürger können den Euro schon verwenden. Wer will, kann sein Konto auf Euro umstellen. Alle Zahlungen mit EC, Geld und Kreditkarten, alle Überweisungen, Lastschriften, Daueraufträge oder Schecks können ab Januar 1999 in Euro geleistet werden. Und wer sein D-Mark-Konto beibehält, kann damit auch Euro Transaktionen abwickeln und umgekehrt (SCHUL/BANK 9/98). Am Ende der Übergangszeit, zu Beginn des Jahres 2002, werden dann sämtliche D-Mark-Konten automatisch auf Euro umgestellt.

„Pacta sunt servanda"-Verträge müssen eingehalten werden. Kein Vertrag darf wegen der Umstellung auf den Euro gekündigt oder verändert werden. Das gilt natürlich auch für alle Spar- und Kreditverträge. Wenn die Sparer oder Kreditnehmer nichts anderes verlangen, bleibt während der Übergangszeit alles beim Alten. Der Kunde hat jedoch die Wahl, er kann seine Verträge auch bereits jetzt auf den Euro umstellen und neue in Euro abschließen. Wie die anderen Konten, so werden auch die Spar- und Kreditkonten zum 1. Januar 2002 per Gesetz automatisch umgestellt. Und keine Sorge: Guthaben und Schulden werden einfach nur zum offiziellen Tauschkurs umgerechnet, ihr Wert ändert sich dadurch nicht! Alle anderen Vertragsbestandteile wie Zinssätze, Zinsbindung, Tilgungssatz, Kündigungsfristen oder die Laufzeit der Verträge bleiben von der Euro Umstellung unberührt.

Auch die Löhne und Gehälter werden in der Übergangszeit in der Regel weiterhin in D-Mark überwiesen werden. Viele Betriebe werden aber auf den Gehaltsstreifen bereits die D-Mark und Euro-Beträge ausdrucken. Zahlreiche Großunternehmen werden dagegen ihr Rechnungswesen schon im Jahr 1999 oder zur Jahrtausendwende umstellen und dann auch die Gehälter in Euro überweisen. Auf einem D-Mark Konto kommt aber auch dann der zum offiziellen Tauschkurs umgerechnete D-Mark Betrag an.

In Supermärkten, Tankstellen und Restaurants werden die Preise bald häufiger doppelt ausgezeichnet werden. Die ersten Einzelhändler werden auf den Kassenbons Euro und Mark ausweisen, und auch auf den Strom-, Gas- oder Telefonabrechnungen wird zusätzlich zum D-Mark Betrag immer öfter der Euro auftauchen. Damit wird es den Verbrauchern erleichtert, ihr Preisgefühl für das neue Geld zu schulen. Das alles ist jedoch freiwillig, eine Pflicht zur doppelten Preisauszeichnung gibt es bisher nicht.

Themenbereich 7

Das Bergische Papierkontor verstärkt seine Aktivitäten im Bereich des Außenhandels

M 9

Allgemeine Informationen und Hinweise der TransWorld GmbH

Rabattsystem
Wenn Sie regelmäßig mit uns versenden, hilft Ihnen unser Rabattsystem eine Menge Geld zu sparen. Schon ab 2 Frachtsendungen oder 4 Dokumenten- bzw. Paketsendungen pro Monat können Sie an unserem automatischen Rabattsystem „Contract Sales" mit attraktiven Konditionen teilnehmen. Fragen Sie unseren Costumer Service. Wir machen Ihnen gerne ein individuelles Angebot.

Allgemeine Beförderungsbedingungen
Alle Leistungen von TransWorld GmbH unterliegen den Allgemeinen Beförderungsbedingungen. Sie sind auf der Rückseite des Frachtbriefes abgedruckt. Unser Customer Service sendet Ihnen auf Wunsch auch gerne eine Kopie zu.

Zahlungsbedingungen
Einfuhrumsatzsteuer, Einfuhrzölle und sonstige damit verbundene Aufwendungen sind bei Lieferung zahlbar, alle übrigen Beträge innerhalb von 10 Tagen nach Rechnungsdatum. Dem Rechnungsbetrag werden grundsätzlich 6 % Finanzierungskosten zugeschlagen, die bei Einhaltung des Zahlungszieles abzugsfähig sind.

Berechnung des Volumengewichtes
Sperrige Frachtstücke werden nach ihrem Volumengewicht berechnet. In der unten stehenden Tabelle können Sie sehen, wie es geht:

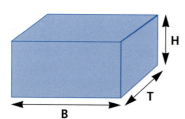

Service	Volumengewichtsfaktor	Beispiel
Express Documents	167 kg je m³	0,9 m x 0,3 m x 0,4 m x 167 kg je m³ = 18,036 kg
Europa Parcels & Freight	250 kg je m³	0,9 m x 0,3 m x 0,4 m x 250 kg je m³ = 27 kg
Weltweit Parcels & Freight	167 kg je m³	0,9 m x 0,3 m x 0,4 m 167 kg je m³ = 18,036 kg

Angaben in DM (1 Euro = 1,95583 DM)

Empfänger zahlt
Für Warensendungen aus dem europäischen Ausland, die Sie als Empfänger bezahlen, erheben wir einen Zuschlag von DM 25,– je Sendung.

Importabfertigung
Für Warensendungen, die EUSt- oder zollpflichtig sind, berechnen wir eine Importabfertigungspauschale von DM 37,50 und eine zusätzliche Vorlageprovision in Höhe von 5 % der Vorschusszahlung.

Von der Beförderung ausgeschlossen
Die geltenden Gesetze, Vorschriften und Regelungen können von Land zu Land unterschiedlich sein. Unser Costumer Service informiert Sie gerne.

Verpackung
Alle Sendungen müssen vom Absender ordnungsgemäß verpackt und gekennzeichnet sein.

Gewichtskontrolle und Volumenberechnung
Wir messen das Volumen und kontrollieren das Gewicht jeder Sendung.

Zuschlagpflichtige Zonen
Für entlegene Zielorte wird für Sendungen bis 250 kg ein Zuschlag von DM 80,–, für Sendungen über 250 kg ein Zuschlag von DM 120,– erhoben. Detaillierte Informationen hierzu auf dem separaten Übersichtsblatt „Europäische Postleitzahlen und zuschlagpflichtige Zonen".

Haftung (ITLL)
Die Haftung von TNT Express Worldwide ist durch internationale Bestimmungen begrenzt. Gegen Zahlung eines Zuschlags von DM 13,– erhöhen sich die Haftungsgrenzen auf US-$ 40,– pro Kilogramm verloren gegangene oder beschädigte Sendung.
Der Zuschlag entfällt, wenn Sie über TNT Express Worldwide eine Transportversicherung abschließen. Unser Customer Service berät Sie gerne.

Themenbereich 7
Das Bergische Papierkontor verstärkt seine Aktivitäten im Bereich des Außenhandels

Gefahrgut
Für Transporte von gefährlichen Gütern im Sinne der geltenden IATA- und ICAO-Vorschriften berechnen wir einen Zuschlag von DM 150,–.

Intrastat-Anmeldung
Bei Vorlage eines schriftlichen Auftrages und Bereitstellung der erforderlichen Dokumente können wir die INTRASTAT-Anmeldung durchführen, für die folgende Gebühren erhoben werden:

mindestens	DM 30,–
bis zu 10 Positionen	DM 25,– je Position
bis zu 25 Positionen	DM 20,– je Position
bis zu 50 Positionen	DM 15,– je Position
bis zu 100 Positionen	DM 10,– je Position
über 100 Positionen	DM 5,– je Position

M 10
Übersicht Länder & Tarife der TransWorld GmbH
Um Ihnen die Arbeit so einfach wie möglich zu machen, haben wir eine Schnellübersicht entwickelt, die Ihnen auf der nachfolgenden Doppelseite alle Bestimmungsländer außerhalb Europas, Servicearten, Laufzeiten und Zonen aufzeigt.

Wie Sie den Preis für Ihre Sendung ermitteln:
Bitte stellen Sie zunächst fest, wohin Ihre Sendung gegen soll, wie schnell sie dort sein muss und wie viel sie wiegt.*
Das Bestimmungsland und die dazugehörige Tarifzone finden Sie in der Tabelle links. Wählen Sie hier den gewünschten Service.
Den genauen Preis ermitteln Sie anhand der Tabellen auf der rechten Seite: In der jeweiligen Service-Tabelle finden Sie – entsprechend dem Gewicht Ihrer Sendung und der Zone, in die sie geschickt werden soll – den richtigen Tarif.

*Sollte das Volumengewicht das tatsächliche Gewicht Ihrer Sendung übersteigen, wird der Preis nach dem Volumengewicht berechnet.

TransWorld - We take it personally

Destinationen
Weltweit: Länder, Zonen, Laufzeiten

Destination	Zone	Laufzeiten Documents	Parcels
Afghanistan	10	#	#
Ägypten	9	2-3	3-4
Albanien	10	5-8	6-9
Algerien	10	2-4	3-5
Angola	10	3-6	4-7
Anguilla	10	3-4	4-5
Antigua und Barbuda	10	3	4
Äquatorial Guinea	10	#	#
Argentinien	10	2-4	3-6
Aruba	10	2-3	3-4
Äthiopien	10	2-3	3-4
Australien	9	2-4	3-5
Bahamas	10	2-3	3-4
Bahrain	10	2	3
Bangladesch	10	3-5	4-6
Barbados	10	2-3	3-4
Belize	10	3-4	4-5
Benin	10	2-3	3-4
Bermudas	10	2-3	3-4
Bhutan	10	#	#
Bolivien	10	2-3	3-4
Botswana	10	3	4

Destination	Zone	Laufzeiten Documents	Parcels
Brasilien	9	2-4	3-5
Brunei	8	3	4
Burkina Faso	10	3	4
Burma	10	4-5	5-6
Burundi	10	3-4	4-5
Cayman Inseln	10	2-3	3-4
Chile	10	2-3	3-4
China	9	3-6	5-6
Cookinseln	10	4	4-5
Costa Rica	10	2-3	3-4
Djibouti	10	2-3	3-4
Dominikanische Republik	10	2-4	3-5
Ecuador	10	3	4
El Salvador	10	3	4
Elfenbeinküste	10	2	3
Eritrea	10	2-3	3-4
Fidschiinseln	10	4-5	5-6
Französisch Guayana	10	3-6	4-7
Gabun	10	2-5	3-6
Gambia	10	3-6	4-7
Ghana	10	2-4	3-5
Grenada	10	2-3	3-4

A 102

Themenbereich 7

Das Bergische Papierkontor verstärkt seine Aktivitäten im Bereich des Außenhandels

Destination	Zone	Laufzeiten Documents	Parcels
Grönland	10	#	#
Guadeloupe	10	2-3	3-4
Guam	10	4-5	5-6
Guatemala	10	2-3	3-4
Guinea	10	2-3	3-4
Guinea-Bissau	10	4-7	5-8
Guyana	10	3-4	4-5
Haiti	10	3-5	4-5
Honduras	10	2-4	3-5
Hongkong	8	2-3	3-4
Indien	8	2-4	3-5
Indonesien	8	2-4	3-5
Irak	10	*	*
Iran	10	2-3	3-4
Israel	10	2-3	3-4
Jamaika	8	2-4	3-5
Japan	8	2-4	3-5
Jemen	10	3-4	4-5
Jordanien	10	3	4
Jungferninseln	10	3-5	4-6
Kambodscha	10	3-4	4-5
Kamerun	10	2-4	3-5
Kanada	7	1-3	2-4
Kap Verde	10	#	#
Kasachstan	10	#	#
Katar	10	2	3
Kenia	10	2-3	3-4
Kiribati	10	5-8	6-9
Kirisien	10	#	#
Kolumbien	10	2-5	3-6
Komoren	10	#	#
Kongo	10	2-3	3-4
Kuba	10	2-5	4-6
Kuwait	9	2	3
Laos	10	5-7	#
Lesotho	10	3-4	4-5
Libanon	10	3	4
Liberia	10	#	#
Libyen	10	3-5	4-6
Madagaskar	10	3-5	4-6
Makao	10	3	4
Malaysia	8	2-4	3-5
Malawi	10	3-4	4-5
Malediven	10	2-3	3-4
Mali	10	2-3	3-4
Marokko	10	3-5	4-6
Marshallinseln	10	#	#
Martinique	10	2-3	3-5

Destination	Zone	Laufzeiten Documents	Parcels
Mauretanien	10	3-5	4-6
Mauritius	10	4-5	5-6
Mayotte	10	#	#
Mexiko	8	2-4	3-5
Mikronesien	10	4-5	5-6
Mongolei	10	#	#
Montserrat	10	3-4	4-5
Mosambik	10	4-5	5-6
Namibia	10	3-4	4-5
Nauru	10	5-7	6-8
Nepal	10	3-5	4-5
Neukaledonien	10	3-5	4-6
Neuseeland	9	3-5	4-6
Nicaragua	10	3-4	4-5
Niederländische Antillen	9	2-3	3-4
Niger	10	2-4	3-5
Nigeria	10	#	#
Niue	10	2	3
Nordkorea	10	4-7	5-8
Nord-Mariana-Inseln	10	#	#
Norfolk-Inseln	10	#	#
Oman	10	2-4	3-5
Pakistan	10	3-5	4-6
Palau	10	#	#
Panama	10	3	4
Papua Neuguinea	10	4-5	5-6
Paraguay	10	3	4
Peru	10	2-4	3-5
Philippinen	8	2-4	3-5
Puerto Rico	10	2-3	3-4
Reunion	10	3-5	4-7
Ruanda	10	3-5	4-6
Salomonen	10	4-7	5-8
Sambia	10	3	4
Samoa	10	#	#
Sao Tome	10	#	#
Saudi Arabien	10	3-5	4-6
Senegal	10	2-4	3-5
Seychellen	10	3-5	4-6
Sierra Leone	10	3-5	4-6
Singapur	8	2	3
Somalia	10	#	#
Sri Lanka	10	3-5	4-6
St. Croix	10	3	3-5
St. Lucia	10	3-4	4-5
St. Martin	10	3	3-5
St. Thomas	10	3	3-5
St. Vincent	10	3	3-5

Information

Themenbereich 7

Das Bergische Papierkontor verstärkt seine Aktivitäten im Bereich des Außenhandels

Destination	Zone	Laufzeiten Documents	Parcels
St. Kitts und Nevis	10	3	3-5
Südafrika	9	2-3	3-4
Sudan	10	3	4
Südjemen	10	3	3-4
Südkorea	8	3-5	4-6
Surinam	10	3-8	4-9
Swasiland	10	2-3	3-4
Syrien	10	3-4	4-5
Tahiti	10	4-6	5-7
Taiwan	8	3-5	4-7
Tajikistan	10	#	#
Tansania	10	2-4	4-5
Thailand	8	2-3	3-5
Togo	10	2-3	3-4
Tonga	10	4-7	5-8
Trinidad und Tobago	10	3-4	4-5
Tschad	10	3-4	4-5

Destination	Zone	Laufzeiten Documents	Parcels
Tunesien	10	3	4
Turkmenistan	10	#	#
Turks und Caicos Islands	10	3-4	4-5
Tuvalu	10	#	#
USA	7	1-2	2-3
Uganda	10	3-4	4-5
Uruguay	10	2-3	3-4
Usbekistan	10	#	#
Vanuatu	10	3-5	4-6
Venezuela	10	2-4	3-5
Vereinigte Arabische Emirate	9	2-3	3-4
Vietnam	10	3-4	4-5
Westsahara	10	#	#
Westsamoa	10	4-5	5-6
Zaire	10	2-4	3-4
Zentralafrika	10	2-4	3-5
Zimbabwe	10	2-3	3-4

In einigen Ländern ist zur Zeit nur ein eingeschränkter (#) bzw. auf Grund der politischen Situation kein Service (*) möglich. Ihr Customer Service erläutert Ihnen gerne die Möglichkeiten, die wir Ihnen dennoch bieten können.

Premium-Optionen:
Für dringende Dokumentensendungen und Pakete empfehlen wir die Service-Optionen
Guaranteed   DM 210,–
Priority   DM 80,–
Versicherung:
Die Versicherungsprämie beträgt DM 35,– und bietet einen Deckungsschutz bis 17.500,– DM. Auf Wunsch können höhere Deckungssummen vereinbart werden.
Alle Laufzeiten sind in Arbeitstagen angegeben und gelten für Ballungszentren und größere Städte.
Für entlegene Zustellgebiete erheben wir einen Zuschlag von DM 80,– pro Sendung. Ob der Bestimmungsort Ihrer Sendung in einer zuschlagpflichtigen Zone liegt, beantwortet Ihnen gerne unser Customer Service – genauso wie alle anderen Fragen zu Ihren Sendungen und unserem Serviceangebot.
Allen Warensendungen muss eine Handelsrechnung beigelegt werden.
Gültige Laufzeiten zur Zeit des Drucks. Änderungen vorbehalten.

Tarife
Weltweit: Gewichte, Zonen, Preise

Express Documents   **Vorsicht, Angaben in DM! 1 Euro = 1,95583 DM**

Gewicht	Zone 7	Zone 8	Zone 9	Zone 10
0,250	63,00	77,00	83,00	89,00
0,5	122,00	144,00	165,00	178,00
1,0	132,50	166,00	192,00	213,00
1,5	143,00	188,00	219,00	248,00
2,0	153,50	210,00	246,00	283,00
2,5	164,00	232,00	273,00	318,00
3,0	174,50	254,00	300,00	353,00
3,5	185,50	275,00	326,00	385,50
4,0	196,50	296,00	352,00	418,00
4,5	207,50	317,00	378,00	450,50
5,0	218,50	338,00	404,00	483,00

Themenbereich 7

Das Bergische Papierkontor verstärkt seine Aktivitäten im Bereich des Außenhandels

Express Parcels & Freight

Quelle: für M 9 und M 10: TNT Express Worldwide: Übersicht „Länder & Tarife"

Gewicht	Zone 7	Zone 8	Zone 9	Zone 10
0,5	152,00	177,00	201,00	213,00
1,0	162,50	199,00	228,00	248,00
1,5	173,00	221,00	255,00	283,00
2,0	183,50	243,00	282,00	318,00
2,5	194,00	265,00	309,00	353,00
3,0	204,50	287,00	336,00	388,00
3,5	215,50	308,00	362,00	420,50
4,0	226,50	329,00	388,00	453,00
4,5	237,50	350,00	414,00	485,50
5,0	248,50	371,00	440,00	518,00
5,5	260,50	393,00	470,00	548,00
6,0	272,50	415,00	500,00	578,00
6,5	284,50	437,00	530,00	608,00
7,0	296,50	459,00	560,00	638,00
7,5	308,50	481,00	590,00	668,00
8,0	320,50	503,00	620,00	698,00
8,5	332,50	525,00	650,00	728,00
9,0	344,50	547,00	680,00	758,00
9,5	356,50	569,00	710,00	788,00
10,0	368,50	591,00	740,00	818,00
11,0	382,50	613,00	766,00	844,50
12,0	396,50	635,00	792,00	871,00
13,0	410,50	657,00	818,00	897,50
14,0	424,50	679,00	844,00	924,00
15,0	438,50	701,00	870,00	950,50
16,0	452,50	723,00	896,00	977,00
17,0	466,50	745,00	922,00	1.003,50
18,0	480,50	767,00	948,00	1.030,00
19,0	494,50	789,00	974,00	1.056,50
20,0	508,50	811,00	1.000,00	1.083,00
21,0	518,50	833,00	1.013,50	1.088,50
22,0	528,50	855,00	1.027,00	1.094,00
23,0	538,50	877,00	1.040,50	1.099,50
24,0	548,50	899,00	1.054,00	1.105,00
25,0	558,50	921,00	1.067,50	1.110,50
26,0	568,50	943,00	1.081,00	1.116,00
27,0	578,50	965,00	1.094,50	1.121,50
28,0	588,50	987,00	1.108,00	1.127,00
29,0	598,50	1.009,00	1.121,50	1.132,50
30,0	608,50	1.031,00	1.135,00	1.138,00

Teil B:
Kunden, Lieferanten, Sortiment und sonstige Informationen

Seiten B 1 – B 30

Informationen zur Modellunternehmung

Die *Papiergroßhandlung Bergisches Papierkontor GmbH* ist geblieben, was sie seit 1870 ist: eine Großhandelsunternehmung im Dienste einer allseits zufriedenen Kundschaft auf der einen Seite und mit einem zuverlässigen Stamm von Lieferanten aus dem Bereich der Papierindustrie und darüber hinaus auf der anderen Seite.

Wuppertal, im Städte-Dreieck Köln-Düsseldorf-Dortmund gelegen, ist der geografisch seit jeher vorteilhafte Standort dieser Unternehmung. Hier laufen die Fäden zusammen, hier wird geplant, geführt und koordiniert.

Für die stets nach soliden kaufmännischen Prinzipien geführte Papiergroßhandlung begann im Jahre 1994 ein neuer Zeitabschnitt, denn seit 1994 liegen die Geschicke der Unternehmung in der Hand von Dr. Peter Schönhauser, der als junger Geschäftsführer für die Aufgabe der Geschäftsleitung gewonnen werden konnte. Am 01.07.1994 hat er die Arbeit begonnen, die bisher erfolgreiche Traditionsunternehmung mit gutem Geschick in einen neuen Zeitabschnitt zu führen.

Herr Dr. Schönhauser arbeitet seitdem mit einem Team von weiteren 24 Mitarbeiterinnen und Mitarbeitern zusammen. Das Personal setzt sich aus teils erfahrenen und teils aus jüngeren Mitarbeiterinnen und Mitarbeitern zusammen. Nach dem Eindruck von Herrn Dr. Schönhauser ist es eine gute Mischung von Menschen mit unterschiedlichsten Fähigkeiten, die mit großem Fleiß und starker Motivation bei der Sache sind.

Herr Dr. Schönhauser versucht seit Beginn seiner Tätigkeit, einen kooperativen Führungsstil zu praktizieren und zu fördern, obwohl die vorgefundenen, über Jahre gewachsenen, herkömmlichen Organisationsstrukturen dies nicht unbedingt erleichtern.

Die Unternehmung gliedert sich in vier Abteilungen, von denen eine (Allgemeine Verwaltung) sehr verschiedene Tätigkeiten zusammenfasst (siehe Organigramm auf der nächsten Seite).

Eine Übersicht über wesentliche Firmendaten gibt folgende Darstellung:

Firma:	Bergisches Papierkontor GmbH Elberfelder Str. 85 42285 Wuppertal
Rechtsform:	Gesellschaft mit beschränkter Haftung
Gesellschafter:	Hubertus Oberberg Rita Oberberg Renate Roskamp
Geschäftsführer:	Dr. Peter Schönhauser
Bankverbindungen:	Stadtsparkasse Wuppertal Konto-Nummer 600 521 98 BLZ 330 500 00
	Postbank Essen Konto-Nummer 1800 64-303 BLZ 360 100 43
Finanzamt:	Wuppertal-Barmen, Unterdörnenstraße 96 42283 Wuppertal Steuernummer 220/0878/6678
	Landeszentralbank Wuppertal Konto-Nr. 330/01/502 BLZ 330 000 00
Amtsgericht:	Amtsgericht Wuppertal HRB 50086/314

**Organigramm der Unternehmung
Bergisches Papierkontor GmbH, Wuppertal**

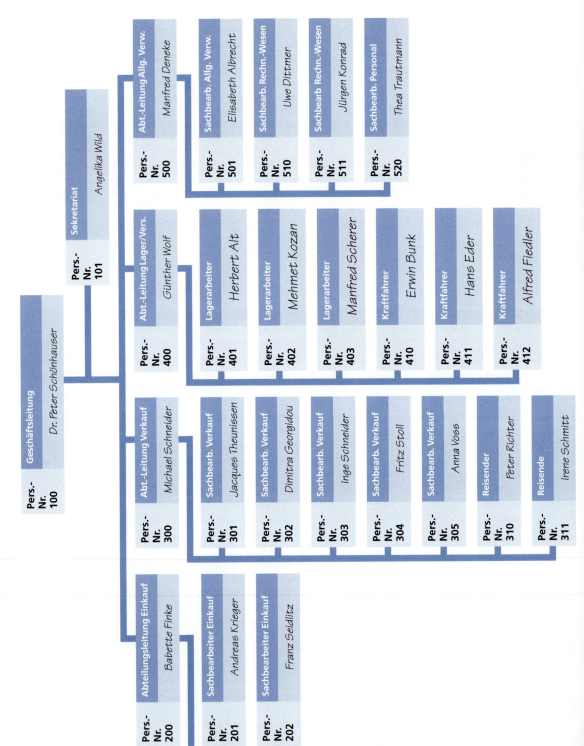

B 2

Bergisches Papierkontor GmbH

Allgemeine Geschäftsbedingungen

Die folgenden Bedingungen gelten für alle von und mit uns eingegangenen Rechtsgeschäfte; Abweichungen sind für uns nur bindend, wenn sie schriftlich vereinbart worden sind.

(1) Angebot/Auftragsbestätigung

Unsere Angebote sind freibleibend; maßgebend ist unsere schriftliche Auftragsbestätigung. Mündliche Absprachen und Nebenabreden bedürfen ebenfalls unserer schriftlichen Bestätigung.
Handelsübliche Abweichungen in der Menge, in den Maßen, in Färbung und Gewicht sind zulässig und berechtigen den Käufer nicht zu Beanstandungen.

(2) Lieferungsbedingungen

Lieferungen werden per Lkw frei Haus durchgeführt; i.d.R. innerhalb von 48 Stunden.
Der Mindestauftragswert beträgt 500,– Euro: Bei einem niedrigeren Rechnungsbetrag wird für die Lieferung ein pauschaler Zuschlag von 25,– Euro in Rechnung gestellt.
Bei Lieferungen nach Orten, die nicht im gewöhnlichen Auslieferungsbereich liegen, müssen zu den Versandkosten Sonderregelungen getroffen werden. Der Käufer hat keinen Anspruch auf Frachtvergütung, wenn er die Ware abholt.
Die Ware wird in handelsüblicher Verpackung geliefert! Bei Sendungen mit einem Warenwert von bis zu 250,– Euro ist eine Verpackungskosten-Pauschale in Höhe von 15,- Euro vom Käufer zu tragen.
Wünscht der Käufer eine Zustellung als Expressgut bzw. durch die Post, so gehen sämtliche Verpackungs- und Versandkosten zu seinen Lasten.
Bei einer Auslieferung der Ware mit unseren eigenen Fahrzeugen tragen wir das Transportrisiko! In allen anderen Fällen reist die Ware auf Gefahr des Käufers. Bei Streckengeschäften geht das Transportrisiko mit der Verladung der Ware im Werk des Herstellers auf den Käufer über.

(3) Zahlungsbedingungen/Eigentumsvorbehalt

Unsere Rechnungen sind innerhalb von 30 Tagen nach Rechnungsdatum ohne Abzug bzw. innerhalb von 10 Tagen nach Rechnungsdatum mit 3 Prozent Skonto zu bezahlen.
Erfolgt die Zahlung nicht innerhalb der genannten Frist, so sind wir berechtigt, Zinsen in Höhe von 5% über dem Diskontsatz der Deutschen Bundesbank zu berechnen.

(4) Eigentumsvorbehalt

Die gelieferte Ware bleibt so lange unser Eigentum, bis der Käufer alle gegen ihn bestehenden Forderungen beglichen hat. Veräußert der Käufer die Ware, so tritt er schon jetzt die ihm aus dem Verkauf zustehende Forderung an uns ab.
Kommt der Käufer mit seinen Zahlungen in Verzug, so können wir jederzeit die Herausgabe der Ware verlangen, ohne vom Vertrag zurückzutreten.

(5) Lieferzeit/Lieferungsverzug

Wird ein verbindlich zugesagter Liefertermin von uns nicht eingehalten, so hat der Käufer das Recht, uns eine angemessene Nachfrist für die Lieferung zu setzen. Liefern wir auch innerhalb dieser Nachfrist nicht, dann kann der Käufer schriftlich seinen Rücktritt vom Kaufvertrag erklären; Schadenersatzansprüche stehen ihm nicht zu.

(6) Gewährleistungen bei mangelhafter Lieferung

Reklamationen können nur anerkannt werden, wenn sie bei offenen Mängeln innerhalb von 14 Tagen nach Erhalt der Ware und bei versteckten Mängeln unverzüglich, spätestens 14 Tage nach Entdeckung schriftlich vorgenommen werden. Transportschäden sind sofort auf den Begleitpapieren festzuhalten. Soweit Gewährleistungsansprüche gegen uns bestehen, sind wir verpflichtet, gegen Rücknahme der beanstandeten Ware eine mangelfreie Ersatzlieferung vorzunehmen; weitergehende Gewährleistungsansprüche bestehen nicht. Ist allerdings auch die Ersatzlieferung mangelhaft, so hat der Käufer das Recht auf Preisminderung oder Rückgängigmachung des Vertrages.

(7) Erfüllungsort und Gerichtsstand

Erfüllungsort und Gerichtsstand für alle Ansprüche ist Wuppertal, soweit nicht zwingende gesetzliche Vorschriften dem entgegenstehen.

Wuppertal, Januar 1999

Bergisches Papierkontor GmbH

Gesellschaftsvertrag

§ 1 Firma und Sitz der Gesellschaft

(1) Die Firma der Gesellschaft lautet:
Bergisches Papierkontor
Großhandelsgesellschaft mit beschränkter Haftung

(2) Sitz der Gesellschaft ist Wuppertal

§ 2 Gegenstand des Unternehmens

Gegenstand des Unternehmens ist der Handel mit Papieren jeder Art und Folien als Großhandelsunternehmen. Die Gesellschaft darf andere Unternehmen gleicher oder ähnlicher Art übernehmen, vertreten und sich an solchen beteiligen; sie darf auch Zweigniederlassungen errichten.

§ 3 Stammkapital

(1) Das Stammkapital der Gesellschaft beträgt 350.000,– DM (in Worten: dreihundertfünfzigtausend Deutsche Mark). Davon übernehmen:
a) Herr Hubertus Oberberg, Wuppertal, eine Stammeinlage von 150.000,– DM
b) Frau Rita Oberberg, Wuppertal, eine Stammeinlage von 100.000,– DM
c) Frau Renate Roskamp geb. Oberberg, Lüdenscheid, eine Stammeinlage von 100.000,– DM

(2) Die Gesellschafter leisten ihre Einlagen in Geld. Je 50 % der Stammeinlage sind sofort zur freien Verfügung der Gesellschaft einzuzahlen, die Restbeträge sind nach Aufforderung der Geschäftsführung zu leisten.

§ 4 Dauer der Gesellschaft, Geschäftsjahr, Kündigung

(1) Die Gesellschaft wird auf unbestimmte Zeit errichtet.

(2) Geschäftsjahr ist das Kalenderjahr.

(3) Jedem Gesellschafter steht ein Kündigungsrecht mit einjähriger Frist zum Jahresende zu.

§ 5 Organe der Gesellschaft

Die Organe der Gesellschaft sind
a) der Geschäftsführer
b) die Gesellschaftsversammlung.

§ 6 Geschäftsführer

(1) Die Gesellschaft hat einen oder mehrere Geschäftsführer. Sind mehrere Geschäftsführer bestellt, so wird die Gesellschaft durch je zwei Geschäftsführer gemeinschaftlich vertreten.

(2) Zum Geschäftsführer wird bestellt:
Herr Hubertus Oberberg. Er ist von den Beschränkungen des § 181 BGB befreit.

§ 7 Gesellschafterversammlung und Stimmrecht

(1) Alljährlich findet innerhalb von 6 Monaten nach Schluß des vorangegangenen Rechnungsjahres eine ordentliche Gesellschafterversammlung statt. Diese beschließt über die:
– Feststellung des Jahresabschlusses für das vorangegangene Geschäftsjahr
– Verwendung des Ergebnisses der Unternehmung
– Entlastung der Geschäftsführer
– Wahl eines eventuell zu bestellenden Abschlußprüfers

(2) Je 1.000,– DM eines Geschäftsanteils gewähren eine Stimme.

§ 8 Jahresabschluß

Innerhalb der ersten drei Monate nach Abschluß eines Geschäftsjahres hat die Geschäftsführung den Jahresabschluß und den Lagebericht aufzustellen und diese zusammen mit einem Vorschlag zur Ergebnisverwendung der ordentlichen Gesellschafterversammlung vorzulegen. Der Jahresabschluß ist nach den gesetzlichen Vorschriften und Gliederungen zu erstellen.

§ 9 Bekanntmachungen

Bekanntmachungen der Gesellschaft werden im Bundesanzeiger veröffentlicht.

Wuppertal, den 15.11.1982

Hubertus Oberberg   Rita Oberberg   Renate Roskamp

H. Oberberg   R. Oberberg   R. Roskamp

Änderung des Gesellschaftsvertrages §6(2) durch die Gesellschafterversammlung am 17.05.1994:

Zum Geschäftsführer ab dem 01.07.1994 wird Herr Dr. Peter Schönhauser bestellt und löst damit Herrn Hubertus Oberberg ab.

Wuppertal, den 17.05.1994

Hubertus Oberberg   Rita Oberberg   Renate Roskamp

H. Oberberg   R. Oberberg   R. Roskamp

Inventar der bp, Bergisches Papierkontor GmbH, Wuppertal zum 1999-12-31

Vermögens- und Schuldenarten, Eigenkapital	Einzelwerte in Euro	Gesamtwerte in Euro
A. Vermögen		
I. Anlagevermögen		
1. Grundstück Elberfelder Str. 85, 42285 Wuppertal		120.500,00
2. Gebäude, Elberfelder Str. 85, 42285 Wuppertal		
Lagerhalle und Verwaltungstrakt		365.000,00
3. Technische Anlagen u. Maschinen		
Schneidemaschine	8.784,75	
Lochmaschine	672,00	9.456,75
4. Fuhrpark		
Lkw: W-L 412	43.000,00	
Pkw: W-BP 209	11.000,00	
Pkw: W-BP 911	27.500,00	81.500,00
5. Betriebs- und Geschäftsausstattung		
(lt. Anlagenverzeichnis, Anlage-Nr. 1)		44.250,00
II. Umlaufvermögen		
1. Warenvorräte		149.408,00
(lt. Warenverzeichnis, Anlage-Nr. 2)		
2. Forderungen aus Lieferungen		38.388,86
(lt. Forderungsverzeichnis, Anlage-Nr. 3)		
3. Kassenbestand (Bargeld)		133,53
4. Postbankguthaben, Postbankkonto Essen		4.355,04
5. Guthaben bei Kreditinstituten (Bankguthaben),		
Stadtsparkasse Wuppertal		42.661,31
Summe des Vermögens		**855.653,49**
B. Schulden (Verbindlichkeiten)		
I. Langfristige Schulden		
1. Verbindlichkeiten gegenüber Kreditinstituten		
Grundschulddarlehen		
der Deutschen Hypothekenbank, Bremen	90.000,00	
Darlehen der Stadtsparkasse Wuppertal	410.000,00	500.000,00
II. Kurzfristige Schulden		
1. Verbindlichkeiten aus Lieferungen		30.149,50
(lt. Verbindlichkeitenverzeichnis, Anlage-Nr. 4)		
2. Sonstige Verbindlichkeiten		25.503,99
(lt. Steuern- und Abgabenverzeichnis, Anlage-Nr. 5)		
Summe der Schulden		**555.653,49**
C. Ermittlung des Eigenkapitals		
Summe des Vermögens		855.653,49
– Summe der Schulden		555.653,49
= Eigenkapital (Reinvermögen)		**300.000,00**

Aktiva	Bilanz Bergisches Papierkontor GmbH, Wuppertal, zum 99-12-31 (in Euro)		Passiva
A. **Anlagevermögen**		A. **Eigenkapital**	300.000,00
1. Grundstücke	120.500,00	B. **Verbindlichkeiten**	
2. Gebäude	365.000,00	1. Verbindlichkeiten gegenüber Kreditinstituten (Darlehen)	500.000,00
3. Technische Anlagen und Maschinen	9.456,75	2. Verbindlichkeiten aus Lieferungen und Leistungen	30.149,50
4. Fuhrpark	81.500,00		
5. Betriebs- und Geschäftsausstattung	44.250,00	3. Sonstige Verbindlichkeiten[1]	25.503,99
B. **Umlaufvermögen**			
1. Warenvorräte	149.408,00		
2. Forderungen aus Lieferungen und Leistungen	38.388,86		
3. Kassenbestand	133,53		
4. Postbankguthaben	4.355,04		
5. Guthaben bei Kreditinstituten	42.661,31		
	855.653,49		855.653,49

Wuppertal, 28. März 2000   *Dr. Peter Schönhauser*

Sortiment

		Nettopreise ohne Mehrwertsteuer für		Verpackungs-Einheit	Kleinste lieferbare Menge

Warengruppe 1: Hochwertige Feinpapiere
(Feine Briefpapiere mit Hüllen - auch in Kassetten)

Nr.	Beschreibung	Preis 1	Preis 2	Verpackungs-Einheit	Kleinste lieferbare Menge
10111	Echt Bütten Briefkassette, 100 Blatt DIN-A4, 100 Hüllen DIN-C6, 114 x 162 mm, mit grauem Futter, halbmatt, Jugendstil-Design	1 Kassette 33,45 Euro	ab 5 Kassetten 26,75 Euro	Kassette	1 Kassette
10112	Echt Bütten Briefkassette, 100 Blatt DIN-A4 und 100 Hüllen DIN-Lang, 100 x 220 mm, mit grauem Futter, halbmatt, Barock-Motiv	1 Kassette 40,00 Euro	ab 5 Kassetten 32,00 Euro	Kassette	1 Kassette
10121	Müllers Classic Briefkassette, Hadernpapier, mit abgepaßtem, hell/dunkel Wasserzeichen, 100 Blatt DIN-A4 und 100 Hüllen DIN-Lang, 100 x 220 mm, mit grauem Seidenfutter, Chromlux-Kassette	1 Kassette 42,45 Euro	ab 5 Kassetten 34,80 Euro	Kassette	1 Kasette
10131	Conserevation !! Recyclingpapier !! Briefkassette, 100 Blatt DIN-A4, gerippt, mit abgepaßtem Wasserzeichen, 100 Hüllen DIN-Lang, 110 x 220 mm, mit Innendruck und gummierter Kappe, in altweißer Kassette mit Öko-Motiv	1 Kassette 19,00 Euro	ab 5 Kassetten 19,00 Euro	Kassette	1 Kassette
10211	Müllers Classic DIN-A4-Blätter, 80 g/m², feinstes Hadernpapier, mit abgepaßtem hell/dunkel Wasserzeichen, in bedruckten 250-Blattschachteln	1000 Blätter 65,95 Euro	ab 20 Kartons 44,75 Euro	250 Blatt	1 Karton (1000) mit 4 Schachteln

Sortiment (Fortsetzung)

		Nettopreise ohne Mehrwertsteuer für			Verpackungs-Einheit	Kleinste lieferbare Menge
10221	bp-Reflex Spezial-Qualität, Din-A4-Blätter, 80 g/m², holzfrei, bläulichweiß, leinengeprägt, mit Wasserzeichen bp für hochwertige Briefbogen, Riesinhalt 500 Blatt, im Wellpappkarton	1000 Blatt 22,85 Euro		ab 5 Kartons 16,75 Euro	500 Blatt	1 Karton mit 5000 Blatt
10231	bp-Bankpost-Qualität, DIN-A4-Blätter, 80 g/m², hochfein, holzfrei, haderhaltig, weiß, matt, mit abgepasstem Wasserzeichen, für Direktionsbriefe, Riesinhalt 500 Blatt, im Wellpappkarton	1000 Blatt 29,95 Euro		ab 5 Kartons 21,95 Euro	500 Blatt	1 Karton mit 5000 Blatt
10311	bp-Classic-Hüllen DIN-Lang-Hüllen, 110 x 220 mm, mit grauem Seidenfutter, feinstes Hadernpapier, mit abgepasstem, hell/dunkel wirkendem Wasserzeichen, in 250 Stück-Packungen	1000 Stück 186,90 Euro		ab 20 Kartons 149,50 Euro	250 Hüllen	1 Karton (1000) mit 4 bedruckten Packungen (à 250)
10321	bp-„Edel-Hartpost"-Hüllen Din-Lang-Hüllen, 110 x 220 mm, bläulichweiß, mit grauem Futteer, 90 g/m², gut passend zu bp-Reflex-Spezial, DIN-A4	1000 Stück 62 Euro		ab 5 Kartons 49,50 Euro	100 Hüllen	1 Karton (1000) im Originalkarton 10 x 100 (Hüllen)
10331	bp-„Bankpost"-Hüllen DIN-Lang Hüllen, 110 x 120 mm, hochfein, halbglatt, weiß, mit grauem Futter, 110 g/m², gut passend zu bp-„Bankpost", DIN-A4	1000 Stück 62 Euro		ab 5 Kartons 49,50 Euro	100 Hüllen	1 Karton (1000) im Originalkarton 10 x 100 (Hüllen)
10341	bp-Kaenguruh !! Recyclingqualität !! DIN-Lang Hüllen, 110 x 220 mm, Briefumschläge, ohne Fenster, weiß, mit gummierter Klappe, Offset - Qualität, mit Flächeninnendruck	1000 Stück 20,80 Euro		5000 Stück 19,05 Euro	1000 Hüllen	1 Karton à 1000 Hüllen

Sortiment (Fortsetzung)

		Nettopreise ohne Mehrwertsteuer für			Verpackungs-Einheit	Kleinste lieferbare Menge
10342	bp-Kaenguruh !! Recyclingqualität !! DIN-C6-Hüllen, 114 x 162 mm, Briefumschläge, ohne Fenster, weiß, mit gummierter Klappe, Offset - Qualität, mit Flächeninnendruck	1000 Stück 16,25 Euro		5000 Stück 14,85 Euro	1000 Hüllen	1 Karton à 1000 Hüllen

Warengruppe 2: Kopierpapiere und Folien

Kopierpapiere

		Nettopreise ohne Mehrwertsteuer für			Verpackungs-Einheit	Kleinste lieferbare Menge
20111	Kopierpapier einfach, chlorfrei, Format DIN-A4, 75 g/m², matt, Riesinhalt 500 Blatt, DIN-A4, chlorfrei gebleichter Faserstoff	1000 Blatt 8,90 Euro	ab 10 Kartons 7,15 Euro	ab 40 Kartons (1 Palette) 6,55 Euro	500 Blatt	1 Karton mit 2500 Blatt
20121	Copy bp-„Favorit" Kopierpapier in Standardqualität Format DIN-A4, 80 g/m², holzfrei, weiß, matt	1000 Blatt 11,40 Euro	ab 10 Kartons 9,15 Euro	ab 40 Kartons (1 Palette) 8,35 Euro	500 Blatt	1 Karton mit 2500 Blatt
20131	Copy „Nopa-Fix" Kopierpapier in Standardqualität Format DIN-A4, 80 g/m², holzfrei, weiß, matt	1000 Blatt 12,05 Euro	ab 10 Kartons 9,70 Euro	ab 40 Kartons (1 Palette) 8,85 Euro	500 Blatt	1 Karton mit 5000 Blatt
20141	bp-„Printofit X" Kopierpapier in gehobener Qualität Format DIN-A4, 80 g/m², holzfrei, weiß, matt, für optimales Kopieren und Weiterverarbeitung, für Laserdrucker geeignet, im Kleinoffset einsetzbar	1000 Blatt 11,85 Euro	ab 10 Kartons 9,50 Euro	ab 40 Kartons (1 Palette) 8,70 Euro	500 Blatt	1 Karton mit 2500 Blatt
20142	bp-„Printomax" Spezial Kopierpapier in gehobener Qualität Format DIN-A4, 80 g/m², holzfrei, weiß, matt, für Laserdrucker und Kleinoffset geeignet	1000 Blatt 11,65 Euro	ab 10 Kartons 9,35 Euro	ab 40 Kartons (1 Palette) 8,55 Euro	500 Blatt	1 Karton mit 5000 Blatt

Sortiment (Fortsetzung)

		Nettopreise ohne Mehrwertsteuer für			Verpackungs-Einheit	Kleinste lieferbare Menge
20 151	Nopa - Top Spezial Kopierpapier in gehobener Qualität Format DIN-A4, 80 g/m², holzfrei, weiß, matt, für Kleinoffset und Laserdrucker geeignet, für doppelseitiges Kopieren und Weiterverarbeitung	1000 Blatt 11,95 Euro	ab 10 Kartons 9,55 Euro	ab 40 Kartons (1 Palette) 8,75 Euro	500 Blatt	1 Karton mit 5000 Blatt
20161	bp-„Copy-Color" Qualitäts-Kopierpapier Format DIN-A4, 100 g/m², holzfrei, weiß, matt, für Farbkopierer und Laserdrucker geeignet	1000 Blatt 25,05 Euro	ab 8 Kartons 20,10 Euro	ab 40 Kartons (1 Palette) 18,35 Euro	500 Blatt	1 Karton mit 2500 Blatt
20171	bp-„Xero-Bond" Kopierpapier in höchster Qualität Format DIN-A4, 80 g/m², holzfrei, weiß, matt, auch im Kleinoffset einsetzbar, speziell geeignet für doppeltes Kopieren und optimale Weiterverarbeitung im Sorter, für Laserdrucker geeignet	1000 Blatt 13,05 Euro	ab 10 Kartons 10,45 Euro	ab 40 Kartons (1 Palette) 9,55 Euro	500 Blatt	1 Karton mit 2500 Blatt
20172	bp-„Xero-Bond" wie oben, Format DIN-A3, 43 x 61 cm, in bedrucktem Ries Einschlagpapier	1000 Bogen 55,15 Euro	ab 6000 Bogen 44,25 Euro	ab 24000 Bogen 40,40 Euro	500 Bogen	500 Bogen
20181	bp-„Bio-Top-3" chlorfrei Kopierpapier in höchster Qualität aus chlorfrei gebleichtem Zellstoff, Format DIN-A4, 80 g/m², holzfrei, weiß, matt, für Laserdrucker geeignet	1000 Blatt 13,50 Euro	ab 10 Kartons 10,85 Euro	ab 40 Kartons (1 Palette) 9,90 Euro	500 Blatt	1 Karton mit 2500 Blatt

Folien

20211	Overheadfolie für alle Kopiergeräte, antistatisch für Stapelverarbeitung, einseitig angerauht, universell einsetzbar, matt, Format DIN-A4	100 Folien 29,35 Euro	ab 5 Kartons 23,55 Euro	ab 10 Kartons 21,50 Euro	100 Folien	1 Karton mit 100 Folien

Sortiment (Fortsetzung)

		Nettopreise ohne Mehrwertsteuer für			Verpackungs-Einheit	Kleinste lieferbare Menge
20221	Overheadfolie für Trockentonergeräte, antistatisch für Stapelverarbeitung, glasklar, Format DIN-A4	100 Folien 24,70 Euro	ab 5 Kartons 19,80 Euro	ab 10 Kartons 18,10 Euro	100 Folien	1 Karton mit 100 Folien
20222	Overheadfolie für Trockentonergeräte, antistatisch für Stapelverarbeitung mit ablösbarem Rand-.streifen, längs geklebt, glasklar, Format DIN-A4	100 Folien 29,35 Euro	ab 5 Kartons 23,55 Euro	ab 10 Kartons 6,50 Euro	100 Folien	1 Karton mit 100 Folien
20231	Overheadfolie für Farbkopierer, antistatisch für Stapelverarbeitung, mit ablösbarem Weißrand, glasklar, Format DIN-A4	100 Folien 50,20 Euro	ab 5 Kartons 40,25 Euro	ab 10 Kartons 36,80 Euro	100 Folien	1 Karton mit 100 Folien
20241	Overheadfolie für Laser, mit Rückseitenpapier, kopfverleimt, glasklar, Format DIN-A4	100 Folien 36,50 Euro	ab 5 Kartons 29,30 Euro	ab 10 Kartons 26,75 Euro	100 Folien	1 Karton mit 100 Folien

Warengruppe 3: Büropapiere

Büro-Gebrauchs-Papiere

30111	bp-„Multicop-hochfein-Abzug" Abzug-Papier für Umdrucker und Schreibmaschine, Format DIN-A4, 21,0 x 29,7 cm, 30 g/m^2, chlorfrei, holzfrei, weiß, matt	1000 Blatt 13,60 Euro	ab 5 Kartons 11,15 Euro	ab 20 Kartons (1 Palette) 10,00 Euro	500 Blatt	1 Karton mit 5000 Blatt
30121	bp-Durchschlagpapier Format DIN-A4, 21,0 x 29,7 cm, 30 g/m^2, holzfrei, weiß, matt	1000 Blatt 6,40 Euro	ab 6 Kartons 5,10 Euro	ab 20 Kartons (1 Palette) 4,70 Euro	1000 Blatt	Karton mit 10000 Blatt
30131	bp-„Diana"-Feinpost Büro-Gebrauchspapier für Schreibmaschinen und Nadeldrucker (Einzelblatt), Format DIN-A4, 21,0 x 29,7 cm, 80 g/m^2, fein holzfrei, chlorfrei hochgebleicht, matt, weiß	1000 Blatt 13,90 Euro	ab 5 Kartons 11,15 Euro	ab 20 Kartons (1 Palette) 10,20 Euro	500 Blatt	Karton mit 5000 Blatt

Sortiment (Fortsetzung)

		Nettopreise ohne Mehrwertsteuer für			Verpackungs-Einheit	Kleinste lieferbare Menge

Qualitäts-Büro/Geschäfts-Papiere

30141	bp-„Continental"-Recycling Büro-Recyclingpapier mit Wasserzeichen, geeignet für die tägliche Büroarbeit, Format DIN-A4, 21,0 x 29,7 cm, 80 g/m², hergestellt aus 100% holzfreiem Altpapier, chlorfrei, weiß matt, ungerippt	1000 Blatt 23,50 Euro	ab 5 Kartons 18,70 Euro	ab 20 Kartons (1 Palette) 17,20 Euro	500 Blatt	Karton mit 5000 Blatt
30211	bp-„Mattpost-Extra" Qualitäts-Büropapier mit Wasserzeichen für hochwertige Briefbogen und für Laserdruck geeignet, Format DIN-A4, 21,9 x 29,7 cm, 80 g/m², holzfrei, weiß, hochgebleicht, matt	1000 Blatt 22,85 Euro	ab 5 Kartons 16,75 Euro	ab 20 Kartons (1 Palette) 16,75 Euro	500 Blatt	Karton mit 5000 Blatt
30221	Neusiedler Japan Post Qualitäts-Büro-Papier mit Wasserzeichen, für hochwertige Briefbogen, für Laserdruck geeignet, Format DIN-A4, 21,9 x 29,7 cm, 80 g/m² holzfrei, weiß, hochgebleicht, matt	1000 Blatt 22,95 Euro	ab 5 Kartons 16,95 Euro	ab 20 Kartons (1 Palette) 16,95 Euro	500 Blatt	1 Karton mit 5000 Blatt

Büro-Offset-Papiere

Hinweis: Weitere großformatige Offset-Papiere entnehmen Sie bitte der Warengruppe 4, „Druckpapiere für das Druckereigewerbe".

30311	bp-„Multus" Büro-Umdruck/Offset-Papier Umdruckpapier, o f f s e t f e s t, für Büro-Kleinoffset und Umdruck geeignet, Format DIN-A4, 21,0 x 29,7 cm, 80 g/m², mittelfein, weiß, satiniert, oberflächengeleimt	1000 Blatt 9,60 Euro	ab 5 Kartons 7,70 Euro	ab 20 Kartons (1 Palette) 7,05 Euro	500 Blatt	Karton mit 5000 Blatt
30321	bp-„Favorit-SM" Büro-Offset-Papier Büropapier für Büro-Kleinoffset, Fomat DIN-A4, 21,0 x 29,7 cm, 80 g/m², holzfrei, weiß, matt	1000 Blatt 11,40 Euro	ab 5 Kartons 9,15 Euro	ab 20 Kartons (1 Palette) 8,35 Euro	500 Blatt	Karton mit 5000 Blatt

Sortiment (Fortsetzung)

		Nettopreise ohne Mehrwertsteuer für			Verpackungs-Einheit	Kleinste lieferbare Menge
30331	bp-„Neutral-SM" Büro-Offset-Papier für Büro-Kleinoffset, bedingt kopierfähig, Format DIN-A4, 21,0 x 29,7 cm, 80 g/m² mit 1.4fachem Volumen, holzfrei, weiß, matt	1000 Blatt 12,05 Euro	ab 5 Kartons 9,70 Euro	ab 20 Kartons (1 Palette) 8,85 Euro	500 Blatt	Karton mit 5000 Blatt
30341	bp-„Pilot-Extra-SM-Chlorfrei" Büro-Offset-Papier, !! umweltfreundlich !! für Büro-Kleinoffset, bedingt kopierfähig, Format DIN-A4, 21,0 x 29,7 cm, 80 g/m² mit 1,5fachem Volumen, holzfrei, weiß, matt, chlorfrei, ohne optische Aufheller	1000 Blatt 14,05 Euro	ab 5 Kartons 12,70 Euro	ab 20 Kartons (1 Palette) 11,85 Euro	500 Blatt	1 Karton mit 5000 Blatt

Ausgerüstete Büro-Papiere

30411	bp-„Primus"-Schreib-Papier liniertes Schreibpapier, weiß Format DIN-A3, gefalzt auf DIN-A4, 29,7 x 42,0 cm 80 g/m², holzfrei, hochgebleicht, satiniert	1000 Blatt 42,30 Euro	ab 5 Kartons 31,00 Euro	ab 16 Kartons (1 Palette) 31,00 Euro	250 Blatt	Karton mit 2500 Blatt
30412	bp-„Primus"-Schreib-Papier kariertes Schreibpapier, weiß Format DIN-A3, gefalzt auf DIN-A4, 29,7 x 42,0 cm, 80 g/m², holzfrei, hochgebleicht, satiniert	1000 Blatt 42,30 Euro	ab 5 Kartons 31,00 Euro	ab 16 Kartons (1 Palette) 31,00 Euro	250 Blatt	Karton mit 2500 Blatt
30413	bp-„Primus"-Schreib-Papier rautiertes Schreibpapier, weiß Format DIN-A3, gefalzt auf DIN-A4, 29,7 x 42,0 cm, 80 g/m², holzfrei, hochgebleicht, satiniert	1000 Blatt 42,30 Euro	ab 5 Kartons 31,00 Euro	ab 16 Kartons (1 Palette) 31,00 Euro	250 Blatt	Karton mit 2500 Blatt

Sortiment (Fortsetzung)

		Nettopreise ohne Mehrwertsteuer für			Verpackungs-Einheit	Kleinste lieferbare Menge

EDV-Papiere:

30511	Zweckform Computer-Papier Recycling Marken-Tabellierpapier, 1fach, presseweiß, blanko- Längsperforation beidseitig, aus 100% Altpapier, mit Jury-Umweltzeichen, umweltfreundliche Markenqualität mit besten Laufeigenschaften, Format DIN-A4 hoch, 70 gr	1000 Blatt 9,78 Euro	ab 5 Kartons 8,10 Euro	ab 20 Kartons (1 Palette) 6,95 Euro	1000 Blatt	Karton mit 1000 Blatt
30521	Zweck Computer-Papier, !! umweltfreundlich !! chlorfrei gebleicht hergestellt, ausschließlich mit Sauerstoffbleiche 1fach, weiß, blanko, Längsperforation beidseitig mit Mikroperforation, Format DIN-A4 hoch, 70 gr	1000 Blatt 11,90 Euro	ab 5 Kartons 9,95 Euro	ab 20 Kartons (1 Palette) 9,75 Euro	1000 Blatt	Karton mit 1000 Blatt
30531	bp-„Siegel"-Computer-Papier holzfreies Qualitätspapier, 1fach, weiß, blanko, Längsperforation beidseitig, mit Mikroperforation, Format DIN-A4 hoch, 80 gr	1000 Blatt 9,85 Euro	ab 5 Kartons 7,80 Euro	ab 20 Kartons (1 Palette) 7,00 Euro	1000 Blatt	Karton mit 1000 Blatt
30532	bp-„Siegel"-Computer-Papier holzfreies Qualitätspapier, 1fach, weiß, blanko, Längsperforation beidseitig, mit Mikroperforation, Format DIN-A3 hoch, 80 gr	1000 Blatt 20,25 Euro	ab 5 Kartons 17,00 Euro	ab 20 Kartons (1 Palette) 15,25 Euro	1000 Blatt	Karton mit 1000 Blatt
30541	bp-„Siegel-SD"-Computer-Papier holzfreies Qualitätspapier, 2fach, blanko, selbstdurchschreibend, 1. Blatt weiß, 2. Blatt hellgelb, Längsperforation beidseitig, mit Mikroperforation, Format DIN-A4 hoch, 80 gr	1000 Blatt 19,95 Euro	ab 5 Kartons 16,50 Euro	ab 20 Kartons (1 Palette) 16,50 Euro	1000 Blatt	Karton mit 1000 Blatt

Telefax-Rollen:

30611	bp-„Standard" Telefax-Rolle in Standard-Qualität Thermopapier für Fernkopierer - Schicht außen mit 25 mm Hülsenkern, Rollenbreite 21,6 cm, 55 g/m², Rollenlänge 100 lfm, für 336 Kopien	1 Rolle 12,75 Euro	ab 4 Kartons 10,20 Euro	ab 8 Kartons 9,30 Euro	6 Rollen	Karton mit 6 Rollen

Sortiment (Fortsetzung)

		Nettopreise ohne Mehrwertsteuer für			Verpackungs-Einheit	Kleinste lieferbare Menge
30612	bp-„High-Sensitive" Telefax-Rolle – hochsensitive Qualität, Thermopapier für Fernkopierer, Schicht außen mit 25 mm Hülsenkern, für alle Geräte der Gruppen 2, 3 und 4, Rollenbreite 21,6 cm, 55 g/m², Rollenlänge 100 lfm, für 336 Kopien	1 Rolle 16,65 Euro	ab 4 Kartons 13,35 Euro	ab 8 Kartons 12,20 Euro	6 Rollen	Karton mit 6 Rollen
30613	bp-„SUPER-Sensitive" Telefax-Rolle - supersensitive Qualität, Thermopapier für Fernkopierer, Schicht außen mit 25 mm Hülsenkern, u.a. für sogenannte low energy Geräte, Rollenbreite 21,6 cm, 55 g/m², Rollenlänge 100 lfm, für 336 Kopien	1 Rolle 19,20 Euro	ab 4 Kartons 15,40 Euro	ab 8 Kartons 14,05 Euro	6 Rollen	Karton mit 6 Rollen

Warengruppe 4: Großformatige Druckpapiere für das Druckereigewerbe:

Offsetdruck-Papiere:

Hinweis: Büro-Offset-Papiere im DIN-A4-Format entnehmen Sie bitte der Warengruppe 3: „Büro-Papiere".

40111	bp-„Prima-Offset-Professional" Universal Offset-Papier für einfache Werbungen, Handzettel, Preislisten, Formulare, Zeitschriften, Format 61 x 66 cm, 80 g/m², fast holzfrei, weiß, matt, oberflächengeleimt, druckfertig vorgereift	1000 Bogen 96,00 Euro	ab 3000 Bogen 77,00 Euro	ab 10000 Bogen (1 Palette) 60,40 Euro	500 Bogen	500 Bogen
40112	bp-„Prima-Offset-Professional" Universal Offset-Papier, wie oben Format 43 x 61 cm, 80 g/m²	1000 Bogen 48,00 Euro	ab 3000 Bogen 38,50 Euro	ab 10000 Bogen (1 Palette) 35,20 Euro	500 Bogen	500 Bogen
40113	bp-„Prima-Offset-Professional" Universal Offset-Papier, wie oben Format 70 x 100 cm, 90 g/m²	1000 Bogen 144,01 Euro	ab 2500 Bogen 115,50 Euro	ab 9000 Bogen (1 Palette) 105,50 Euro	500 Bogen	500 Bogen
40121	bp-„Natur-Print" Qualitäts-Offset-Papier chlorfrei gebleicht, für Bücher, Broschüren, Festschriften, auch für 4-Farben-Offset geeignet, ebenso für Rasterdrucke, holzfrei, weiß, matt, oberflächengeleimt, Format 68 x 86 cm, 90 g/m² Riesinhalt 500 Bogen	ab 500 Bogen 99,75 Euro	ab 3000 Bogen 80,00 Euro	ab 11000 Bogen 73,10 Euro	500 Bogen	500 Bogen

Sortiment (Fortsetzung)

		Nettopreise ohne Mehrwertsteuer für			Verpackungs-Einheit	Kleinste lieferbare Menge
40122	bp-„Natur-Print" Qualitäts-Offset-Papier chlorfrei gebleicht, wie oben Format 70 x 100 cm, 90 g/m² Riesinhalt 250 Bogen	1000 Bogen 133,70 Euro	ab 2500 Bogen 107,25 Euro	ab 11000 Bogen 97,95 Euro	250 Bogen	250 Bogen
40123	bp-„Natur-Print" Qualitäts-Offset-Papier chlorfrei gebleicht, wie oben Format 88 x 124 cm, 90 g/m² Riesinhalt 250 Bogen	1000 Bogen 208,00 Euro	ab 2000 Bogen 166,80 Euro	ab 9000 Bogen 152,40 Euro	250 Bogen	250 Bogen

Werkdruck-Papiere

40211	bp-„Ecostar-x"-Werkdruck Universal-Werkdruck-Papier chlorfrei gebleicht, für Belletristik, Taschenbücher, Sammelbände, wissenschaftliche Bücher, religiöse Werke, Lehrbücher, Kinderbücher, Fachbücher, mittelfein, leicht holzhaltig, naturweiß, ohne optische Aufheller, maschinenglatt, satiniert, mit 1,75fachem Volumen Format 61 x 86, 52 g/m² Riesinhalt 500 Bogen	1000 Bogen 50,50 Euro	ab 5000 Bogen 40,50 Euro	ab 15000 Bogen 37,00 Euro	500 Bogen	500 Bogen
40212	bp-„Ecostar-x"-Werkdruck Universal-Werkdruck-Papier chlorfrei gebleicht, wie oben Format 70 x 100, 52 g/m² Riesinhalt 500 Bogen	1000 Bogen 67,00 Euro	ab 4000 Bogen 53,75 Euro	ab 14000 Bogen 49,60 Euro	500 Bogen	500 Bogen

Bilderdruck-Papiere

40311	bp-„Euro-Albio"-Bilderdruck Universal-Bilderdruck-Papier aus chlorfrei gebleichtem Faserstoff, säurefrei und ohne optischen Aufheller, für Geschäftsberichte, Imagebroschüren, hochwertige Spezialkataloge und Zeitschriften, Werbedrucksachen, Bildbände, Bildkalender, für Kunstbände und Kunstreproduktionen geeignet, beidseitig samtmatt gestrichen, fast holzfrei, weiß, äußerst augenfreundlich, Format 63 x 88 cm, 100 g/m² Riesinhalt 250 Bogen	1000 Bogen 142,50 Euro	ab 3000 Bogen 113,90 Euro	ab 12000 Bogen 104,05 Euro	250 Bogen	250 Bogen

Sortiment (Fortsetzung)

		Nettopreise ohne Mehrwertsteuer für			Verpackungs-Einheit	Kleinste lieferbare Menge
40312	bp-„Euro-Albio"-Bilderdruck Universal-Bilderdruck-Papier aus chlorfrei gebleichtem Faserstoff, wie oben Format 65 x 92 cm, 100 g/m² Riesinhalt 250 Bogen	1000 Bogen 153,55 Euro	ab 3000 Bogen 123,15 Euro	ab 12000 Bogen 112,50 Euro	250 Bogen	250 Bogen
40313	bp-„Euro-Albio"-Bilderdruck Universal-Bilderdruck-Papier aus chlorfrei gebleichtem Faserstoff, wie oben Format 70 x 100 cm, 100 g/m² Riesinhalt 250 Bogen	1000 Bogen 179,15 Euro	ab 2500 Bogen 143,65 Euro	ab 10000 Bogen 131,25 Euro	250 Bogen	250 Bogen

Kunst-Druck-Papiere

40411	bp-„Phoenix-ikono-rex"-Kunstdruck Qualitäts-Kunstdruck-Papier aus chlorfrei gebleichtem Faserstoff, für Bildbände, Bildkalender, hochwertige Kunstdrucke, Geschäftsberichte, etc. holzfrei, originalgestrichen Kunstdruck, vierseitig rechtwinklig geschnitten, weiß, beidseitig matt, Format 63 x 88 cm, 135 g/m² Riesinhalt 250 Bogen	1000 Bogen 242,70 Euro	ab 2000 Bogen 184,85 Euro	ab 8500 Bogen 179,50 Euro	250 Bogen	250 Bogen
40412	bp-„Phoenix-Ikono-rex"-Kunstdruck Qualitäts-Kunstdruck-Papier aus chlorfrei gebleichtem Faserstoff, wie oben, weiß beidseitig matt, Format 70 x 100 cm, 135 g/m² Riesinhalt 250 Bogen	1000 Bogen 305,85 Euro	ab 2000 Bogen 232,95 Euro	ab 7500 Bogen 226,60 Euro	250 Bogen	250 Bogen
40413	bp-„Phoenix-Ikono-rex"-Kunstdruck Qualitäts-Kunstdruck-Papier aus chlorfrei gebleichtem Faserstoff, wie oben, elfenbein !!, beidseitig matt, Format 70 x 100 cm, 135 g/m² Riesinhalt 250 Bogen	1000 Bogen 305,85 Euro	ab 2000 Bogen 232,95 Euro	ab 7500 Bogen 226,60 Euro	250 Bogen	250 Bogen

Auszug aus der Debitorenliste

Kd.Nr.	Name, Anschrift	Bankverbindung Telefon
33 001	Druckzentrum Bielefeld GmbH & Co KG Am Stiehl 109 33604 Bielefeld	Bankhaus Lampe Konto Nr. 98 76 54 BLZ 480 201 51 Tel. (05 21) 33 348 Fax (0521) 33 3400
50 001	Tönnes Druckerei Stolzestraße 10 50674 Köln	Stadtsparkasse Köln Konto Nr. 100 220 33 BLZ 370 501 98 Tel. (02 21) 14 323 Fax (02 21) 14324
42 001	Drogerie AG Else-Lasker-Schüler-Str. 11 42107 Wuppertal	BFG Wuppertal Konto Nr. 33 44 555 BLZ 330 101 11 Tel. (02 02) 19 904 Fax (02 02) 19 905
48 001	Klammer & Co Bürobedarf Hansaring 108 48155 Münster	Sparda-Bank Münster Konto Nr. 44 55 66 BLZ 400 605 60 Tel. (02 51) 34 831 Fax (02 51) 34 835
45 001	Stadt Essen Beschaffungsamt Hinterm Rathaus 1 45239 Essen	Sparkasse Essen Konto Nr. 600 05 BLZ 360 501 05 Tel. (02 01) 1 65 32 Fax (02 01) 1 65 39
44 001	COPYSHOP Michael Tiemeier Haberlandstr. 4 44359 Dortmund	BfG Dortmund Konto Nr. 66 77 88 BLZ 440 101 11 Tel. (02 31) 5 56 47 Fax (02 31) 5 56 40
52 001	Hard- und Software GmbH Antonisberg 134 52076 Aachen	AbN AMRO Bank Konto Nr. 88 99 11 BLZ 390 102 00 Tel. (04 21) 577 39 Fax (04 21) 577 30
59 001	Verlagshaus Bücher OHG Buch- u. Offsetdruck Bachstraße 102 59077 Hamm	Volksbank eG Hamm Konto Nr. 123 456 789 BLZ 410 601 20 Tel. (0 23 81) 55 614 Fax (0 23 81) 55 600

Auszug aus der Debitorenliste (Fortsetzung)

Kd.Nr.	Name, Anschrift	Bankverbindung Telefon
48 011	Heinrich Kleist Druckerei Kleiststraße 80 48231 Warendorf	Sparkasse Warendorf Konto Nr. 54 321 BLZ 400 514 75 Tel. (0 25 81) 44 02 Fax (0 25 81) 44 00
33 011	Druck und Copy GmbH Am Freistuhl 16 33100 Paderborn	Darlehenskasse im Erzbistum Konto Nr. 987 123 456 BLZ 472 603 07 Tel. (0 52 54) 12 345 Fax (0 52 54) 12 345
40 001	EDV-Zubehörhandel mbH Berta-von-Suttner-Str. 12 40595 Düsseldorf	Trinkaus und Burghardt Konto Nr. 10 10 10 BLZ 300 308 80 Tel. (02 11) 74 13 10 Fax (02 11) 74 13 00
53 001	Bürobedarf August GmbH August-Macke-Platz 5 53119 Bonn	CC-Bank Konto Nr. 333 222 BLZ 310 108 33 Tel. (02 28) 94 81 17 Fax (02 28) 94 81 00
32 001	Tagesanzeiger Druck und Verlag Habichtweg 20 32049 Herford	Kreissparkasse Herford Konto Nr. 1-45 63 BLZ 494 501 20 Tel. (0 52 21) 79 41 Fax (0 52 21) 79 00
45 011	Alldruck GmbH Lenaustraße 48 45657 Recklinghausen	Allbank Wuppertal Konto Nr. 101 202 BLZ 250 206 00 Tel. (0 23 61) 90 23 Fax (0 23 61) 90 29
44 011	Städt. Beschaffungsamt Bochum Brunsteinstr. 8 44789 Bochum	Westfalenbank Konto Nr. 050 367 BLZ 430 200 00 Tel. (02 34) 9 01 31 Fax (02 34) 9 01 39
47 005	ERWIN-Druckerei Offenbacher Straße 1 01219 Dresden	Sparkasse Dresden Konto Nr. 873 490 BLZ 520 532 87 Tel. (03 51) 4 78 92 45 Fax (03 51) 4 78 93 99

Auszug aus der Debitorenliste (Fortsetzung)

Kd.Nr.	Name, Anschrift	Bankverbindung Telefon
47 008	Handelsverlag Benz & Co Alte Gasse 15 09111 Chemnitz	Postbank Chemnitz Konto Nr. 45 872 543 BLZ 100 765 39 Tel. (03 71) 6 29 37 34 01 Fax (03 71) 6 29 37 34 44
47 020	Schreibwaren Maurer Bieberer Straße 193 99084 Erfurt	Bankhaus Siemer Konto Nr. 87 320 984 BLZ 3 659 82 Tel. (03 61) 54 44 32 Fax (03 61) 54 87 64

Umsatzstatistik 1999 (in Euro)

Kd.Nr.	Name	1999
33001	Druckzentrum Bielefeld	835.291
50001	Druckerei Tönnes	482.180
41001	Drogerie AG	52.183
48001	Klammer & Co.KG	20.950
45001	Stadt Essen	560.693
44001	COPY SHOP	454.498
52001	Hard- und Software GmbH	22.341
59001	Verlagshaus Bücher	2.163.529
48011	Druckerei Heinrich Kleist	70.604
33011	Druck und Copy GmbH	722.343
40001	EDV - Zubehörhandel	14.474
53001	Bürobedarf August GmbH	5.902
32001	Tagesanzeiger	1.530.144
45011	Alldruck GmbH	672.098
44011	Städt. Beschaffungsamt Bochum	717.325
47005	ERWIN-Druckerei	51.263
47008	Handelsverlag Benz & Co	22.589
47020	Schreibwaren Maurer	38.148
		8.436.555

Liste der Kreditoren

Lief.Nr	Name, Anschrift	Bankverbindung
11 01 1	Freiburger Papier AG Käferweg 16 79110 Freiburg Tel. 07 61) 16 70 61 - 1 Fax (07 61) 16 70 62	Ökobank Niederlassung Freiburg BLZ 500 901 00 Konto Nr. 333 000
11 02 1	A. Abraham & Söhne GmbH & Co. KG Abrahamstraße 17 68305 Mannheim Tel. (06 21) 96 78 15 Fax (06 21) 96 78 26	Südwestdeutsche Landesbank Mannheim BLZ 670 500 00 Konto-Nr. 555 666
11 03 1	Allerweltspapiere AG Wildstraße 18 50859 Köln-Lövenich Tel.(02 21) 78 90 - 10 Fax (02 21) 78 90 - 01	Banco Exterior International BLZ 371 108 00 Konto-Nr. 600 50 00
11 04 1	Papierimporte GmbH & Co. KG Köhlerkoppel 1 22393 Hamburg Tel.(0 40) 44 55 66 - 0 Fax (0 40) 44 55 66 - 7	Den Danske Bank BLZ 203 205 00 Konto-Nr. 76 54 23
11 05 1	Ozean Papier AG Quickbornweg 6 28755 Bremen Tel. (04 21) 54 7 - 1 Fax (04 21) 54 7 - 7	Bremer Bank BLZ 290 800 10 Konto-Nr. 211 21
11 06 1	Dresdener Papiermanufactur AG Hauptallee 50 01069 Dresden Tel. (03 51) 474 80 Fax: (0351) 474 82	Dresdner Bank AG, Dresden BLZ 850 800 00 Konto-Nr. 111 22
11071	Augsburger Papierveredelungsgesellschaft mbH Gumpelzhaimerstr. 3-5 86154 Augsburg Tel. (08 21) 546 66-0 Fax: (0351) 546 66 10	Bayrische Vereinsbank AG BLZ 700 200 70 Konto-Nr. 131 956 87

Liste der Kreditoren (Fortsetzung)

Lief.-Nr.	Name, Anschrift	Bankverbindung
12 01 1	Hans Müller Feinpapiere AG Uhlandstraße 60 51429 Bergisch-Gladbach Tel. (0 22 02) 12 34 56/57 Fax (0 20 54) 12 34 58	Kölner Bank von 1867 BLZ 371 600 87 Konto-Nr. 321 123
21 01 1	Essener - Papier KG Deipenbecktal 98 45289 Essen Tel. (0 20 54) 12 3 - 0 Fax (0 20 54) 12 34	Bank für Gemeinwirtschaft BLZ 360 101 11 Konto-Nr. 600 70 800
21 02 1	Heinz Schmied Folien GmbH Eupener Straße 18 32051 Herford Tel. (0 52 21) 51 52 - 0 Fax (0 52 21) 51 52-535	Stadtsparkasse Herford BLZ 490 500 75 Konto-Nr. 767 67
31 01 1	Harald Dubb KG Gabelsberger Straße 19 53119 Bonn Tel. (02 28) 76 531 Fax (02 28) 76 532	Postgiroamt Köln BLZ 370 100 50 Konto-Nr. 11 11 22 - 333
31 02 1	Papier & Folien GmbH & Co.KG Niederkasseler Straße 29 40547 Düsseldorf Tel. (02 11) 765 43 21 Fax (02 11) 765 43 22	S M H - Bank Schröder-Münchmeyer-Hengst&Co BLZ 301 206 00 Konto-Nr. 444 555
31081	Sachsenpapier Andreas-Pingel-Platz 3 04349 Leipzig Tel. (03 41) 77 65 42 Fax (03 41) 77 61 12	BfG Bank Leipzig Konto-Nr. 67 203 97 BLZ 663 986 32
31091	Folien Schmidt-Halderling Siebenbrückenstr. 43a 08371 Glauchau Tel. (0 37 63) 76 29 96 Fax (0 37 63) 76 21 15	Sparkasse Glauchau Konto-Nr. 555 763 98 BLZ 349 076 98
41011	Paper-Maxi-Center Wibitzki Am Waldrand 1 07551 Gera Tel. (03 65) 76 43 08 96 Fax (03 65) 76 43 08 55	Commerzbank AG Konto-Nr. 8 739 034 84 BLZ 934 001 01

Liste der aktuellen Lieferanten und Bezugspreise
Die Preise beziehen sich auf eine Verpackungseinheit (s. Sortiment)

		Preis der letzten Lieferung (per 29.02.99)		
		Preis Euro	Lieferer	Datum

Warengruppe 1:
Hochwertige Feinpapiere

10111	Briefkassette	21,73	Freiburger	22.01.99
10112	Briefkassette	24,50	Essener P.	10.01.99
10121	Briefkassette	27,58	H. Müller	28.12.98
10131	Briefkassette	13,50	Essener P.	01.12.98
10211	DIN-A4-Blätter	35,60	H. Müller	23.02.99
10221	DIN-A4-Blätter	13,75	Dresdener	28.02.99
10231	DIN-A4-Blätter	16,67	Dresdener	28.02.99
10311	DIN-Lang-Hüllen	115,00	Ozean AG	15.09.98
10321	DIN-Lang-Hüllen	38,00	Ozean AG	11.12.98
10331	DIN-Lang-Hüllen	38,00	Ozean AG	11.12.98
10341	DIN-Lang-Hüllen	15,25	Abraham	15.01.99
10342	DIN-C6-Hüllen	12,99	Schmidt-Hald.	23.02.99

Warengruppe 2:
Kopierpapiere und Folien

20111	Kopierpapier	6,05	Allerwelt	28.02.99
20121	Kopierpapier	6,75	Paper-Maxi	23.02.99
20131	Kopierpapier	6,99	Sachsenp.	19.02.99
20141	Kopierpapier	6,70	Pap.-import	22.02.99
20142	Kopierpapier	6,70	Allerwelt	25.01.99
20151	Kopierpapier	6,56	Dresdener	05.01.99
20161	Kopierpapier	14,40	Allerwelt	29.12.98
20171	Kopierpapier	7,35	H. Müller	19.01.98
20172	Kopierpapier	31,70	Allerwelt	04.01.98
20181	Kopierpapier	7,75	Freiburger	12.01.98
20211	Overheadfolie	17,05	Dubb	01.02.98
20221	Overheadfolie	13,22	Schmied	06.02.99
20222	Overheadfolie	17,05	Dubb	01.02.99
20231	Overheadfolie	24,55	Pap.&Folien	12.09.98
20241	Overheadfolie	17,42	Pap.& Folien	12.09.98

Liste der aktuellen Lieferanten und Bezugspreise (Fortsetzung)

		Preis der letzten Lieferung (per 29.02.99)			
		Preis Euro	Lieferer	Datum	

Warengruppe 3:
Büropapiere
Büro-Gebrauchs-Papiere

30111	Abzug-Papier	8,02	Allerwelt	28.12.98
30121	Durchschlag-Papier	3,48	Pap.-import	16.02.99
30131	Büro-Gebrauchspapier	7,85	Allerwelt	28.12.98
30141	Büro-Recyclingpapier	13,25	Abraham	16.02.99

Qualitäts-Büro/Geschäfts-Papiere:

| 30211 | Büro-Papier | 12,90 | Freiburger | 12.01.99 |
| 30221 | Büro-Papier | 13,12 | Allerwelt | 10.10.98 |

Büro-Offset-Papiere:

30311	Büro-Umdruck/ Offset-Papier	6,05	Dresdener	27.01.99
30321	Büro-Offset-Papier	6,62	Pap.&Folien	10.01.99
30331	Büro-Offset-Papier	6,99	Allerwelt	28.12.98
30341	Büro-Offset-Papier	8,92	Freiburger	12.01.99

Ausgerüstete Büro-Papiere:

30411	liniertes Schreibpapier	23,90	Ozean AG	02.02.99
30412	kariertes Schreibpapier	23,32	Dresdener	26.01.99
30413	rautiertes Schreibpapier	23,90	Ozean AG	02.02.99

EDV-Papiere:

30511	Recycling Tabellierpapier	6,02	Freiburger	23.02.99
30521	Zweckform Computer-Papier	6,75	H. Müller	03.01.99
30531	holzfreies Computer-Papier	5,90	Pap.-import	19.02.99
30532	holzfreies Computer-Papier	11,45	Pap.-import	19.02.99
30541	bp-Siegel-Computer-Papier	12,80	Augsburger	22.02.99

Telefax-Rollen:

30611	Telefax-Rolle	6,99	Allerwelt	21.02.99
30612	Telefax-Rolle	9,50	H. Müller	19.01.99
30613	Telefax-Rolle	10,75	H. Müller	19.01.99

Liste der aktuellen Lieferanten und Bezugspreise (Fortsetzung)

	Preis der letzten Lieferung (per 29.02.99)		
	Preis Euro	Lieferer	Datum

Warengruppe 4:
Großformatige Druckpapiere
Offsetdruck-Papiere:

40111	Universal Offset-Papier	52,75	Ozean	28.12.98
40112	Universal Offset-Papier	26,50	Pap.-import	12.02.99
40113	Universal Offset-Papier	85,10	Ozean	28.12.98
40121	Qualitäts-Offset-Papier	51,88	Freiburger	15.02.99
40122	Qualitäts-Offset-Papier	65,40	Freiburger	15.02.99
40123	Qualitäts-Offset-Papier	122,95	Freiburger	15.02.99

Werkdruck-Papiere:

40211	Universal-Werkdruck-Papier	37,50	H. Müller	21.12.98
40212	Universal-Werkdruck-Papier	41,75	H. Müller	21.12.98

Bilderdruck-Papiere:

40311	Universal-Bilderdruck-Papier	89,25	Ozean AG	14.08.98
40312	Universal-Bilderdruck-Papier	99,00	Ozean AG	15.12.98
40313	Universal-Bilderdruck-Papier	111,00	Ozean AG	14.08.98

Kunstdruck-Papiere:

40411	Qualitäts-Kunstdruck-Papier	150,00	H. Müller	13.02.99
40412	Qualitäts-Kunstdruck-Papier	205,75	H. Müller	11.01.98
40413	Qualitäts-Kunstdruck-Papier	215,98	H. Müller	13.02.99

Wer liefert was?

Lieferer/Artikelnummer	10-111	10-112	10-121	10-131	10-211	10-221	10-231	10-311	10-321	10-331	10-341	10-342
Freiburger	x	x	x	x	x	x	x				x	x
Abraham								x	x	x	x	x
Allerweltspapiere												
Papierimporte												
Ozean								x	x	x	x	x
Dresdner	x	x	x	x	x	x	x					
Müller	x	x	x	x	x	x	x	x	x	x		
Essener	x	x	x	x				x	x	x		
Schmied												
Dubb												
Papier & Folien												
Augsburger												
Sachsenpapier												
Schmidt-Halderling										x		
Paper-Maxi												

Lieferer/Artikelnummer	20-111	20-121	20-131	20-141	20-142	20-151	20-161	20-171	20-172	20-181	20-211	20-221	20-222	20-231	20-241
Freiburger										x					
Abraham															
Allerweltspapiere	x	x	x	x	x	x	x	x	x	x					
Papierimporte		x	x	x	x	x	x	x	x	x					
Ozean															
Dresdener							x	x	x	x					
Müller								x	x						
Essener															
Schmied											x	x	x	x	x
Dubb											x	x	x	x	x
Papier & Folien											x	x	x	x	x
Augsburger															
Sachsenpapier				x			x	x							
Schmidt-Halderling															
Paper-Maxi	x	x		x											

Lieferer/Artikelnummer	30-111	30-121	30-131	30-141	30-211	30-221	30-311	30-321	30-331	30-341	30-411	30-412	30-413	30-511	30-521	30-531	30-532	30-541	30-611	30-612	30-613
Freiburger					x	x	x	x	x	x					x	x	x	x			
Abraham	x	x	x	x					x					x	x	x	x				
Allerweltspapiere	x	x	x	x	x	x	x	x							x	x	x	x		x	x
Papierimporte	x	x	x	x																	
Ozean											x	x	x								
Dresdener							x	x	x	x	x	x	x								
Müller				x	x										x				x	x	x
Essener																			x	x	x
Schmied																					
Dubb										x	x	x	x	x	x	x	x	x			
Papier & Folien						x	x													x	x
Augsburger																		x			
Sachsenpapier																					
Schmidt-Halderling																					
Paper-Maxi																					

Wer liefert was? (Fortsetzung)

Lieferer/Artikel	40 111	40 112	40 113	40 121	40 122	40 123	40 211	40 221	40 311	49 312	40 313	40 411	40 412	40 413
Freiburger	x	x	x	x	x							x	x	x
Abraham														
Allerweltspapiere														
Papierimporte	x	x	x	x	x	x			x	x	x	x	x	x
Ozean	x	x	x	x	x	x	x	x	x	x	x			
Dresdener														
Müller	x	x	x	x	x	x	x	x	x	x	x	x	x	x
Essener														
Schmied														
Dubb														
Papier & Folien														
Augsburger														
Sachsenpapier				x										
Schmidt-Halderling														
Paper-Maxi														

Lager-Höchst und Mindestbestände

Art.-Nr.	HB	MB	Einheit	Art.-Nr.	HB	MB	Einheit	Art.-Nr.	HB	MB	Einheit	Art.-Nr.	HB	MB	Einheit
10111	160	80	Kassette	20111	1.200.000	160.000	Blatt	30111	300.000	120.000	Blatt	40111	25.000	10.000	Bogen
10112	130	70	Kassette	20121	1.650.000	200.000	Blatt	30121	300.000	60.000	Blatt	40112	80.000	40.000	Bogen
10121	250	70	Kassette	20131	1.000.000	170.000	Blatt	30131	400.000	200.000	Blatt	40113	25.000	7.000	Bogen
10131	375	70	Kassette	20141	650.000	100.000	Blatt	30141	200.000	60.000	Blatt	40121	35.000	9.000	Bogen
10211	20.000	10.000	Stück	20142	500.000	60.000	Blatt	30211	150.000	100.000	Blatt	40122	30.000	8.000	Bogen
10221	75.000	32.000	Stück	20151	650.000	80.000	Blatt	30221	80.000	50.000	Blatt	40123	20.000	5.000	Bogen
10231	70.000	50.000	Stück	20161	200.000	40.000	Blatt	30311	750.000	200.000	Blatt	40211	300.000	200.000	Bogen
10311	40.000	12.000	Stück	20171	1.000.000	120.000	Blatt	30321	400.000	100.000	Blatt	40212	110.000	60.000	Bogen
10321	70.000	20.000	Stück	20172	400.000	50.000	Blatt	30331	400.000	120.000	Blatt	40311	100.000	50.000	Bogen
10331	50.000	15.000	Stück	20181	900.000	120.000	Blatt	30341	450.000	120.000	Blatt	40312	125.000	15.000	Bogen
10341	95.000	45.000	Stück	20211	2.500	700	Stück	30411	200.000	100.000	Blatt	40313	75.000	10.000	Bogen
10342	160.000	100.000	Stück	20221	20.000	10.000	Stück	30412	150.000	50.000	Blatt	40411	30.000	5.000	Bogen
				20222	12.000	8.000	Stück	30413	150.000	60.000	Blatt	40412	20.000	2.000	Bogen
				20231	5.000	1.000	Stück	30511	500.000	120.000	Blatt	40413	20.000	4.000	Bogen
				20241	10.000	5.000	Stück	30521	300.000	100.000	Blatt				
								30531	850.000	200.000	Blatt				
								30532	120.000	100.000	Blatt				
								30541	200.000	50.000	Blatt				
								30611	100.000	8.000	Stück				
								30612	60.000	4.000	Stück				
								30613	60.000	3.000	Stück				

HB = Höchstbestand   MB = Mindestbestand

Anlage zum Thema: Ökologie und Papier

Papierrohstoff Holz

Papier besteht fast immer aus dem Faserrohstoff Holz. Dieser wird entweder direkt (als Holzstoff), chemisch (als Zellstoff) aufbereitet oder in Form von bereits früher erzeugtem Papier (im Altpapier-Recycling) verwendet. Papier ist im Vergleich zu vielen anderen Werkstoffen ein grundsätzlich umweltfreundliches Produkt: Die Zell- und Papierindustrie setzt überwiegend Holz aus Durchforstungen (Industrieholz) und Industrierestholz ein. Sie trägt damit wesentlich zur Waldpflege bei. Der Einsatz von Altpapier reduziert die sonst teure Entsorgung des Altpapiers über Deponien. Papier ist für den Menschen in der Anwendung unschädlich.

Definitionen (der Papiere)

Die SNF (der schwedische Naturschutzverband) definiert „umweltfreundliche" Papiere wie folgt:
Kategorie A
Chlorfrei gebleichte Papiere:
Papiere, deren Zellstoff (Primärfaserstoff) ohne Chlor oder Chlorverbindungen gebleicht wurde
Kategorie B
Papiere mit geringen Chloranteilen:
1. Papier mit höchstens 25% Faseranteilen aus chlorgebleichtem Zellstoff
2. Papier aus chlorgebleichtem Zellstoff, bei dessen Herstellung nicht mehr als 0,8 kg/t Zellstoff-AOW-Emissionen entstanden sind
Kategorie C
Übrige Papiere. Nicht als „umweltfreundlich" eingestuft

Chlorarm gebleichter Zellstoff

Sulfat-Zellstoff mit erheblich reduziertem Anteil von Chlorbleichmitteln

Chlorfrei gebleichter Zellstoff

Bleiche ohne Chlor ist bisher nur bei Sulfit-Zellstoff möglich, da dieser meist aus harzarmen Holzarten hergestellt wird. Papiere aus chlorfrei gebleichtem Zellstoff erreichen nicht die Festigkeit und Weiße von solchen aus (noch mit Chlor oder chlorarm gebleichtem) Sulfat-Zellstoff.

Faserstoffe

Die wichtigsten Stoffkomponenten der Papierherstellung:
Primär- oder Frischfaserstoffe sind z.B. Holzstoff und Zellstoff.
Sekundärfaserstoffe sind Altpapier und – in sehr geringem Umfang – auch Hadern (Lumpen).
Synthetische und mineralische Faserstoffe bilden die Ausnahme.

Bleiche

Bis heute in erster Linie Ursache gewisser Umweltprobleme bei der Zellstoffproduktion. Bei der Bleiche handelt es sich um das Herauslösen von unerwünschten Begleitstoffen der Zellulose. Sie macht den Zellstoff funktioneller und für hohe Qualitätsansprüche geeignet.
Gebleichter Zellstoff gibt dem Papier: eine hohe Weiße, die auch bei Langzeitlagerungen nicht verfärbt bzw. vergilbt, einen hohen Reinheitsgrad, Festigkeit und Stabilität, hohe Saugfähigkeit, Fett- und Säurefreiheit, makellose Bedruckbarkeit mit besten Laufeigenschaften und geringer Staubneigung in der Druckmaschine.

Anlage zum Thema: Ökologie und Papier

Holzfreie Papiere

Aus dem Faserstoff Zellstoff (bei hochwertigeren Sorten z. T. auch mit Hadernanteilen) hergestellte Papiere. Der Zellstoff wird durch chemischen Aufschluss des Holzes im Sulfat- oder Sulfitverfahren gewonnen. Holzfreie Papiere sind – bis auf einen zulässigen Massenanteil von max. 5 % – frei von „verholzten Fasern". Holzfreie Papiere aus Zellstoff sind als Endprodukt grundsätzlich nicht weniger umweltfreundlich als holzhaltige oder Recycling- Papiere.

Recycling-Papiere

Zu 100% aus wieder verwertetem Altpapier hergestellte Papiere. Eine umweltschonende Alternative bei der Papierwahl: Das Papier bleibt weitgehend im Kreislauf – das Müllaufkommen durch Altpapier wird reduziert, die Deponien werden entlastet und natürliche Ressourcen werden geschont.

Recycling (von Papier)

Die Rückführung (Wiederverwertung) von Altpapier durch Sammlung, z. B. bei grafischen Betrieben, im Handel und in Haushalten. In großem Maßstab schon seit Beginn dieses Jahrhunderts üblich. Innerhalb der letzten Jahre ist die Wiederverwertung von Altpapier stark angestiegen und hat sich mehr als verdoppelt.
Jedoch: Papierfasern können nur wenige Male wieder verwendet werden. Sie nutzen sich ab, werden zu kurz und zu schwach und lassen sich nicht mehr verbinden. Deshalb kann Recycling nur durch Beimischung frischer Altpapierfasern funktionieren.

Umweltschutzpapier

Bezeichnung für Papier aus 100 % Altpapier, das nicht entfärbt und gebleicht wird. Umweltschutzpapier ist dementsprechend braungrau und für grafische Zwecke nur bedingt verwendbar. Genau genommen trifft die Bezeichnung „Umweltschutzpapier" nicht zu, da dieses Papier die Umwelt nicht „schützt".

Umweltzeichen

Signet zur Auszeichnung „weniger umweltschädlicher" Produkte aus vielen Bereichen. Hersteller können die Verwendung des Zeichens beantragen, wenn ihr Produkt bestimmte, festgelegte Anforderungen erfüllt, z. B. grafische Recycling-Papiere:
100% aus Altpapieranteilen, wobei mindestens 51% aus unteren, mittleren und krafthaltigen Sorten bestehen müssen. Höchstens 42% dürfen aus den besseren Sorten stammen.

Altpapier

Bereits bedrucktes oder in anderer Form seinem ursprünglichen Verwendungszweck bereits zugeführtes Papier, das vom Altpapierhandel erfasst wird. Mit Abstand wichtigster Rohstoff zur Fasergewinnung für die Papiererzeugung, hauptsächlich für Verpackungspapiere. Anteil am gesamten Faserstoffeinsatz der Papierindustrie rund 50 %.
Für die Papierherstellung muss Altpapier grundsätzlich sortiert werden. Die Altpapier-Sortenliste umfasst 4 Hauptgruppen mit insgesamt 40 Sorten.

Teil C:
Ersatzformulare

Seiten C 1 – C 8

Ersatzformular (Themenbereich 7)

EUROPÄISCHE GEMEINSCHAFT　　VORDRUCK N

1 Umsatzst.-Nr. ☐　Zusatz ☐　Bundesl. FA ☐
Auskunftspflichtiger (Name und Anschrift)

Eingang [X]

INTRASTAT

2 Monat/Jahr　**3**

4 Umsatzst.-Nr. ☐　Zusatz ☐　Bundesl. FA ☐
Drittanmelder (Name und Anschrift)

5 Wir melden die Werte in vollen

1 ☐ **DM**

2 ☐ **Euro**

bitte ankreuzen [X]

– Statistische Meldung –

An das StatistischeBundesamt
Außenhandelsstatistik
D-65180 Wiesbaden

---

6 Warenbezeichnung　**7** Pos.-Nr.　**8** Vers.-Land/Best.-Reg. a ☐ b ☐　**9** Lieferbed.　**10** Art　**11** V　**12** Entladehafen

13 Warennummer　**14** Urspr.-L.　**15** Stat. Verfahren

16 Eigenmasse in kg　**17** Besondere Maßeinheit

18 Rechnungsbetrag　**19** Statistischer Wert

---

6 Warenbezeichnung　**7** Pos.-Nr.　**8** Vers.-Land/Best.-Reg. a ☐ b ☐　**9** Lieferbed.　**10** Art　**11** V　**12** Entladehafen

13 Warennummer　**14** Urspr.-L.　**15** Stat. Verfahren

16 Eigenmasse in kg　**17** Besondere Maßeinheit

18 Rechnungsbetrag　**19** Statistischer Wert

---

6 Warenbezeichnung　**7** Pos.-Nr.　**8** Vers.-Land/Best.-Reg. a ☐ b ☐　**9** Lieferbed.　**10** Art　**11** V　**12** Entladehafen

13 Warennummer　**14** Urspr.-L.　**15** Stat. Verfahren

16 Eigenmasse in kg　**17** Besondere Maßeinheit

18 Rechnungsbetrag　**19** Statistischer Wert

C 1

Ersatzformular (Themenbereich 1)

1	Im Handels-, Genossenschafts- oder Vereinsregister eingetragener Name	2	Ort und Nr. der Eintragung

3	Familienname	4	Vorname	
5	Geburtsname			
6	Geburtsdatum	7	Geburtsort (Ort, Kreis, Land)	
8	Staatsangehörigkeit *Deutsch*		Andere	
9	Anschrift der Wohnung			Tel.: / Fax: /

Angaben zum Betrieb

10	Zahl der geschäftsführenden Gesellschafter Zahl der gesetzlichen Vertreter
11	Vertretungsberechtigte Person Familienname Vornamen
12	Anschrift der Betriebsstätte — Tel.: / — Fax: /
13	Anschrift der Hauptniederlassung — Tel.: / — Fax: /
14	Anschrift der früheren Betriebsstätte — Tel.: / — Fax: /

15	Angemeldete Tätigkeit (Schwerpunkt ist unterstrichen)	16	Datum des Betriebsbeginns
17	Art des angemeldeten Betriebes Industrie ☐ Handwerk ☐ Handel ☐ Sonstige ☐	18	Anzahl der voraussichtl. im Betrieb beschäftigten Mitarbeiter

Die Anmeldung wird erstattet für	19	eine Hauptniederlassung ☐ eine Zweigniederlassung ☐ eine unselbstständige Zweigstelle ☐
	20	ein Automatenaufstellungsgewerbe ☐ 21 ein Reisegewerbe ☐
Wegen	22	Neuerrichtung des Betriebes ☐ 23 Übernahme eines bestehenden Betriebes ☐

24	Name des früheren Betriebsinhabers (falls bekannt)	*Falls der Betriebsinhaber für die angemeldete Tätigkeit eine Erlaubnis benötigt, in die Handwerksrolle einzutragen oder Ausländer ist:*
25	Liegt eine Erlaubnis vor?	Ja, erteilt am/von (Behörde):
26	Liegt eine Handwerkskarte vor?	Ja, erteilt am/von (Handwerkskammer):
27	Liegt eine Aufenthaltserlaubnis vor?	Ja, erteilt am/von (Behörde):
28	Die Aufenthaltserlaubnis enthält keine Auflage oder Beschränkung	Enthält folgende Auflage oder Beschränkung:

Hinweis: Diese Anzeige berechtigt nicht zum Beginn des Gewerbebetriebes, wenn noch eine Erlaubniss oder eine Eintragung in die Handwerksrolle notwendig ist. Zuwiderhandlungen können mit Geldbuße oder Geldstrafe oder Freiheitsstrafe geahndet werden. Die Fortsetzung eines derartigen Betriebes kann verhindert werden.

| 29 | Datum | 30 | Unterschrift | *An die entgegennehmende Gemeinde* |

Bergisches Papierkontor GmbH

Bergisches Papierkontor GmbH

Bergisches Papierkontor GmbH

Bergisches Papierkontor GmbH

Bergisches Papierkontor GmbH

Bergisches Papierkontor GmbH

Notizen